FACTUM,

POUR Monfieur de Villiers, Confeiller au Parlement, Appellant & Intimé.

CONTRE Dame *Marguerite Gaudon*, *époufe du Sieur de Saffi*, *&* *auparavant veuve du Sieur de Ris, Intimée & Appellante.* Me *Jean-Jacques Baile de Ponfenac, Preftre habitué à Saint Gervais, Intimé, & Antoine Mercier, habitant de S. Irmont, auffi Intimé.*

D E v x chefs d'accufations formées contre la Dame de Saffi, font le fujet du Procés fur lequel la Cour a à prononcer.

Par le premier, la Dame de Saffi eft accufée d'avoir formé un complot pour fe défaire du Sieur de Saffi fon mary.

Par l'autre, elle eft accufée de luy avoir fupofé un enfant.

Monfieur de Villiers efpere, qu'il ne luy fera pas difficile de prouver qu'elle eft veritablement coupable de ces deux crimes ; & qu'ainfi c'eft injuftement qu'elle a efté déchargée par la Sentence.

Il a déja cet avantage, que l'un des deux, qui eft la fuppofition d'enfant, a efté avoüé par la Dame de Saffi même, & qu'il eft prouvé non-feulement par les informations, mais encore par une infinité de Lettres écrites de fa main.

A l'égard du complot, il y en a des preuves fi claires dans les informations & dans l'interogatoire de la Dame de Saffi, qu'il n'en peut refter aucun doute.

On ne doit point croire que l'exiftance & le retour du Sieur de Saffi, prouvent l'innocence de la Dame de Saffi, ny qu'ils juftifient la Sentence qu'elle a obtenuë.

Le titre de l'accufation n'a point efté, comme la Dame de Saffi affecte de le publier, que le Sieur de Saffi euft efté affiné ; mais feulement qu'il y avoit eu un complot pour fe défaire de luy. Monfieur de Villiers n'a jamais parlé autrement, en prouvant donc la verité & même l'execution du complot : l'exiftance & le retour du Sieur de Saffi, n'anéantiffent pas le crime qui a efté une fois commis ; ils ne prouvent pas que la Dame de Saffi en foit innocente, & ils ne rendent point calomnieufe la plainte qui en a efté renduë.

Comme Monfieur de Villiers n'a en vûë que la juftice, il ne s'attachera qu'à ce qui peut inftruire & prouver ; & pour tous ornemens, il n'employera que la verité. Ce font les feules armes qui conviennent à un Magiftrat.

Il laiffera à la Dame de Saffi & à fes défenfeurs, le foin de briller par des difcours Academiques, plus remplis de fictions & de figures que de veritez & de raifons folides. Cela convient à fa perfonne & à fa défenfe.

FAIT.

Le Sieur de Saffi eft fils de Meffire Nicolas Vauquelin de Saffi, d'une ancienne maifon de Normandie, & de Dame Marie Regnart. Eftant encore jeune & fort riche, lors de la mort de la Dame fa mere qui avoit furvécu, il fut malheureufement entraîné chez Dame Marguerite Gaudon, qui fe faifoit lors appeller la Marquife de Ris.

A

La Lettre de Cachet est au Procés.

Ce nom la fait affez connoiftre, fans qu'il foit befoin d'en faire le portrait : On obfervera feulement, que l'irrégularité de fa conduite avoit caufé affez de fcandale, pour engager le Roy à la chaffer de Paris.

L'âge qui éteint les paffions dans la plûpart des hommes, n'avoit fervy à la Dame de Saffi, qu'à luy acquerir plus d'art & plus d'habileté pour fatisfaire les fiennes. Le Sieur de Saffi en a fait une trifte experience : Elle fçût tellement le captiver, qu'elle le fit réfoudre à l'époufer.

Quel parti pour un jeune homme riche & de condition, qu'une femme de cinquante ans, fans biens & fans honneur ! Auffi tous fes parens & tous ceux qui prenoient quelque interêt à fa perfonne, ne pûrent fans s'émouvoir, le voir ainfi courir à fa perte.

Comme il étoit encore mineur, fes parens s'oppoferent au mariage qu'il vouloit contracter. Cette oppofition ne fut point, comme on le fuppofe, l'ouvrage de Madame de Villiers feule ; ce fut une fage refolution de toute la famille, & un effet de leur affection pour le Sieur de Saffi. Quand leurs motifs n'auroient pas efté auffi connus, les noms de ceux qui ont figné la Procuration, preuveroient qu'il n'y eft entré ny chagrin ny paffion, & qu'ils n'ont confulté que l'interêt & l'honneur du Sieur de Saffi. Outre Madame de Villiers lors fille, il y a Madame la Prefidente de Nefmond, Madame Tronçon, veuve de Monfieur Tonçon, Confeiller au Parlement ; le Sieur Marquis de Sillery, le Sieur Marquis d'Hermenville, Monfieur Chauvelin Confeiller d'Etat, Monfieur Bonneau, Confeiller au Parlement ; le Sieur Bigot, Auditeur des Comptes ; le Sieur Bonneau, Confeiller au Chaftelet ; le Sieur Vauquelin de Lalande & le Sieur de Purnon, Premier Maiftre d'Hôtel de Monfieur.

Monfieur de Barbezieux, Miniftre & Secretaire d'Etat, eut auffi la bonté pour le Sieur de Saffi, de luy repréfenter qu'en fuivant fa paffion il perdoit fon établiffement ; perce que le Roy ne fouffriroit point dans le Service, un Officier qui fe feroit deshonoré par un mariage fi honteux : De forte qu'il tira de luy, une parole pofitive, qu'il quitteroit la Dame de Saffi. Ce fait eft prouvé par un Memoire qui eft écrit de la main du Sieur de Saffi, & qui s'eft trouvé entre les papiers de la Dame de Saffi : Il eft au Procés.

Cet obftacle fut ce qui embaraffa le plus la Dame de Saffi. Elle employa tout fon credit & tous fes amis, pour obtenir l'agrément de Monfieur de Barbezieux : Mais n'ayant pû y réüffir, elle obligea le Sieur de Saffi à vendre fon Régiment, pour qu'il n'eût plus de relation avec ce Miniftre. Elle le vendit elle-même, en vertu d'une Procuration.

Comme la Dame de Saffi ofe nier, que ce fût pour avoir la liberté de l'époufer que le Sr de Saffi a vendu fon Regiment, il eft bon de rapporter de quelle maniere le Sieur de Saffi s'en explique luy-même dans le Memoire dont on vient de parler. *Vauquelin de Saffi, d'une des anciennes maifons de Normandie, dit qu'il a efté obligé de quitter le fervice de France, à l'occafion d'un engagement de mariage auquel la famille dudit fieur s'oppofa, parce qu'il n'avoit pas les 25. ans requis par le nouveau Reglement du Roy. Elle engagea dans fes interêts Mr de Barbezieux, Miniftre de la Guerre, qui fit promettre au fieur de Saffi qu'il ne concluroit rien fans fon confentement :* Et dans la fuite il ajoûte, *qu'il retira fon confentement, & figna en même temps la démiffion de fon Regiment au mois de Fevrier 1701.*

Quoique la Dame de Saffi fçût bien profiter des contradictions que fouffroit le Sieur de Saiffi de la part de fa famille, pour irriter fa paffion, elle ne pouvoit arrêter l'effort des reflexions qu'il faifoit, lorfque fon cœur pouvoit recouvrer quelques mouvemens de liberté. Comme il connoiffoit lors toute la honte de fon engagement, il fembloit faire fes efforts pour rompre fes chaifnes. Il y en a des preuves dans un grand nombre de Lettres qu'il a écrites à la Dame de Saffi même.

10. Mars 1701.

Je demande, dit-il, *pardon à Dieu, de ne vous avoir pas quittée ; c'eft le feul crime que je me reproche, comme imbecilité & honte.* Dans une autre, aprés des reproches sur ses galanteries, il ajoûte : *Je vous serviray de bon cœur, en toute autre qualité que celle de vostre cher époux.*

Le stile de ces Lettres & de plusieurs autres, mérite d'estre remarqué. Ce ne sont pas comme le dit la Dame de Sassi, de ces plaintes, de ces reproches, de ces mouvemens de colere dont un amant jaloux est capable, à l'égard d'une maistresse pour qui il a quelque estime. Ce sont les traits les plus piquans & les plus injurieux dont l'on puisse se servir contre la femme la plus vile & la plus méprisable.

La plus perfide creature, dont Dieu puisse se servir pour punir un honneste homme contre lequel il est courroußé. Croyez que si je vous aime un peu, je ne vous estime, gueres : je vous exhorte à craindre Dieu, qui sçait dans tous les temps, tirer vengeance des infâmes. J'ay eu l'imprudence de proteger le vice, & le vice a fait ma douleur & ma honte. Puisqu'il vous faut donner vostre leçon, ne niez plus d'avoir vû vôtre vilain. Le bon Dieu sçait bien vous estes une folle, une teste extraordinaire. J'ay droit de vous quiter; & si je continue, je n'ay plus le pretexte de l'amitié, de l'engagement ny de la justice ; c'est foibleße : vous estes bonne à mettre au cachot, par la conduite que vous avez tenue ; vous meritez des coups de bâton devant tous les honestes gens de France. Quand une femme est engagée d'une certaine façon, & liée à un mâtin, elle a bien de la peine à s'en dépêtrer. Je ne vous ay point subornée, mais vous moy. Soyez sage si vous pouvez, contraignez vostre temperament : car Dieu le pere ne me persuadera pas, qu'autre chose qu'une execrable débauche vous ait portée à me trahir. Vostre infâme a eu un beau triomphe à deshonorer un absent, &c.

Il n'y a assûrément que des avanturieres qui puissent recevoir de tels complimens, sans rompre pour jamais, avec ceux qui les écrivent. Une femme peut bien pardonner les plaintes, les reproches, les injures même que dicte la colere d'un jaloux ; mais les outrages que produit le mépris, ne se pardonnent que par celles qui ont perdu toute honte, & qui sacrifient tout à leur interêt.

La Dame de Sassi donc, peu touchée de tout ce que luy écrivoit le Sieur de Sassi, sçût bien le calmer & le faire revenir. Son habileté & sa longue experience, triompha aisément de la raison & des reflexions d'un jeune homme.

Caresses, désinteressement affecté, soumißions, menasses même ; tout fut employé.

A juger par une Lettre que le Sieur de Saißi luy a écrite, elle avoit porté loin ses menasses. On y voit qu'aprés luy avoir reproché ses infidelitez, & luy avoir déclaré qu'elles l'avoient détourné pour jamais, de l'étrange mariage auquel il s'estoit comme engagé : Il ajoûte : *je suis gueri n'en doutez plus ; du reste je ne crains rien ; le fer ny le poison ne m'étonne point ; je ne crains point la force ouverte, & je méprise la cachée.*

En vain, la Dame de Sassi veut insinuer, que cela s'applique à un rival de la part de qui le Sieur de Sassi déclare qu'il ne craint rien. La lecture de la Lettre fait connoistre que c'est à elle personnellement, à qui il déclare qu'il ne craint point les menasses dont elle vouloit l'effrayer.

Cela paroist encore par une autre Lettre où il parle ainsi : *Si vous vous vangez, belle Dame, faites-le par vous & vôtre galant ; car pour Monsieur vôtre fils, vous voulez bien que je vous dise que je l'aime & que je l'estime, & qui si méchant qu'il soit, je ne le hairay jamais.*

La Dame de Saißi voyant le Sieur de Sassi prest de luy échaper malgré tous ses artifices, en employa un dernier qui luy réußit.

Elle sçavoit que le Sieur de Sassi avoit une extrême passion d'avoir des enfans ; il la luy avoit marquée plusieurs fois, en luy promettant de l'époufer si elle pouvoit luy en donner, & que ce fût un mâle. Elle convient de ce fait dans son interrogatoire. Ayant donc feint une groseße, elle luy présenta au retour d'un voyage, un enfant dont elle suposa qu'elle estoit accouchée pendant son absence.

La joye qu'eut le Sieur de Saffi, de se croire pere d'un fils, éteignit ce qui luy restoit de raison ; luy fit oblier ses bonnes resolutions, & le rengea plus fortement que jamais dans ses liens.

Il paroist par une Lettre de la Dame de Saffi, que c'est la naissance pré-tenduë de cet enfant, qui produisit la reconciliation entiere & le mariage. *Ne doutez point*, luy dit-elle, *que je n'aye tous les soins possibles d'Emanuel vôtre favory* ; c'est le nom qu'elle avoit donné à l'enfant en le suposant. *J'attens à voir dépendre mon sort du sien : j'en laisse la décision à mon heureuse ou malheureuse destinée : le Seigneur m'a bien racrochée par Emanuel.*

La Dame de Saffi objecte inutilement un contract de mariage passé en 1699. comme une preuve que ce n'est point la supposition d'enfant qu'elle n'a faite qu'en 1701. qui a déterminé le Sieur de Saffi à l'épouser : Car tou-tes les Lettres dont l'on a parlé cy-dessus, prouvent que nonobstant ce con-tract de mariage, le Sieur de Saffi a esté plusieurs fois dans la resolution de quitter la Dame de Saffi ; & que ce n'a esté que la supposition d'enfant qu'elle luy a faite, qui l'a rengagé.

La Dame de Saffi qui n'avoit obsedé le Sieur de Saffi, & qui ne le vou-loit épouser que pour le dépoüiller, luy fit changer tout son bien de na-ture. Outre son Régiment qui avoit esté vendu 40000 liv. il vendit trois Terres qu'il avoit en Normandie, & une maison en cette Ville de Paris ; & le prix de tous les effets fut converty en billets payables au porteur, dont la Dame de Saffi étoit maistresse, & qu'elle négocioit elle-même aupara-vant & depuis le mariage : Cela est prouvé par les Lettres. Il y en a une du 7. Octobre 1701. par laquelle elle écrit au Sieur de Saffi : *A l'égard de vos bil-lets, ne vous impatientez pas ; je seray arrivé assez-tôt à Paris, pour que le temp. de leur écheance ne vous cause pas de dommage.* Par une autre du 7. Novembre 1702. elle dit : *Je mourois plustôt de faim, que de prendre un sol des billets ; quand ils sont échûs, je les renouvelle & entasse les interests.* Elle en avoit donc la dis-position.

Au mois de Janvier 1702. se passe le contract de mariage des Sieur & Dame de Saffi. Il n'est signé que des parens & des amis de la Dame de Saffi. Le Sieur de Saffi n'y est assisté d'aucun parent ny d'aucun ami. Preuve évi-dente d'obsession & de séduction.

On sera sans doute surpris, de trouver dans les écritures de la Dame de Saffi, que l'interêt n'avoit point esté l'objet de son mariage ; qu'il n'en avoit point dicté les clauses ; & que dans les avantages reciproques que contient le contract ; il y a plus d'utilité pour le Sieur de Saffi que pour elle, parce qu'elle donne la moitié de tous ses biens, en cas de decés sans enfans, & que le Sieur de Saffi ne donne que le tiers de ses meubles & acquêts ; & un doüaire de 3000 liv.

La Dame de Saffi en donnant la moitié de son bien, ne donnoit rien, parce qu'elle n'en avoit point.

Et le Sieur de Saffi en donnant le tiers de ses meubles & acquêts, donnoit le tiers de tout son bien ; parce que la Dame de Saffi avoit eu la précaution de le faire tout changer de nature ; ensorte que par le contract elle s'assu-roit un avantage de 100000 liv. un doüaire de 3000 liv. de rente, un droit d'habitation de 1000 liv. On doit admirer son désinteressement.

Le contract de mariage contient encore une clause, qui fait bien connoî-tre le génie de la Dame de Saffi. Elle porte, qu'en cas de divorce ou sépa-ration, le Sieur de Saffi fourniroit à la Dame de Saffi pour sa dépense, 3000 liv. par chacun an. On ne peut nier qu'une pareille convention ne soit con-tre les bonnes mœurs. Outre qu'elle est *mali ominis*, elle tend à favoriser la mauvaise humeur d'une femme, & à l'exciter à la revolte contre son mary, pour s'assurer par le divorce, une aussi forte pension.

Dés que la Dame de Saffi se vit par ce mariage, maistresse du bien du Sieur de Saffi, elle chercha à se débarasser de sa personne, pour être plus libre & pour vivre avec moins de contrainte. Elle

Elle l'engagea à reprendre les armes; mais la cause si honteuse pour laquelle il les avoit quittées, lui fit refuser tous les Emplois qu'il demanda.

Il fit inutilement quelques Campagnes comme volontaire, il ne put rien obtenir. Ayant même traité du Gouvernement d'Aire, moyennant 150000 livres, le Roy lui refusa l'agrément, quoique demandé par Monsieur le Maréchal de Marsin; & la raison fut, qu'ayant abandonné le Service, comme il avoit fait, c'est-à-dire, pour un si mauvais sujet, il ne meritoit pas d'y rentrer. Ce fait est prouvé par des pieces qui sont au procez.

Madame de Villiers avoit-elle donc eu tort de s'oposer à un mariage qui devoit coûter l'honneur & la fortune au sieur de Sassi son frere?

Comme la Dame de Sassi pouvoit craindre ou la mort de l'enfant qu'elle avoit suposé, ou la découverte de la suposition, elle forma le dessein d'en suposer encore d'autres, dont l'état pût estre plus assuré.

A chaque départ du sieur de Sassi pour l'Armée, elle feignoit une grossesse; & il paroît que dans les Lettres qu'elle lui écrivoit, elle ne lui parloit que de cela, & du plaisir qu'il auroit de trouver un enfant à son retour. Mais l'absence du sieur de Sassi étoit ordinairement moins longue qu'elle ne l'avoit esperé, son retour précipité faisoit tout avorter, & il trouvoit la grossesse dissipée par une prétendue fausse couche survenue la veille de son arrivée.

Le sieur de Sassi ayant perdu toute espérance de rentrer dans le service, il prit la resolution de demeurer chez lui, & de ne plus songer qu'à ses affaires. La Dame de Sassi en fut alarmée; la presence d'un mari ne peut estre qu'insuportable pour une femme de son caractere, elle la regarde comme la perte de sa liberté & de ses plaisirs.

Le chagrin de la Dame de Sassi fut tel, que pour se conserver ces choses, qui lui sont si cheres, elle resolut de se défaire du sieur de Sassi; le dessein en fut formé dans une conversation qu'elle eut avec la Damoiselle Chambonneau, digne amie d'une telle femme.

Pour l'executer, elles jetterent les yeux sur un Valet de chambre du sieur de Sassi. Ce Valet étoit Grec de Nation, homme d'intrigue, & capable de tout pour de l'argent. Il ne demeuroit plus dans la maison du sieur de Sassi; mais comme il avoit toujours la confiance de son maître, la Dame de Sassi le fut chercher elle-même, & en l'interessant, elle n'eut pas de peine à le faire entrer dans le complot.

Le moyen qui fut choisi pour l'execution, fut de faire entendre au sieur de Sassi, qu'on le soupçonnoit d'avoir eu quelque correspondance avec les ennemis de l'Etat pendant son séjour en Espagne & en Italie; & on lui fit croire qu'il y avoit une Lettre de cachet pour l'arrêter.

Le sieur de Sassi ayant esté frapé de cette pensée, on le fit resoudre à s'éloigner, & à quitter même le Royaume. Pour tenir son départ secret, la Dame de Sassi avoit acheté pour lui & pour le Grec des habits à la Friperie, & il devoit estre accompagné du Grec seul.

Mais ce complot ne put estre si secret, qu'une femme de chambre de la Dame de Sassi n'en fût instruite: elle avoit entendu une partie de la conversation de sa Maistresse & de la Damoiselle Chambonneau. Cette femme effrayée d'un pareil projet, se persuada qu'il y alloit de la vie du sieur de Sassi, & il estoit difficile de ne le pas croire. Elle en parla à son mari & à la nommée Saulnier Gouvernante de l'enfant suposé, pour trouver les moyens de rompre le coup.

Ils n'en trouverent pas de meilleur, que d'en parler à quelqu'un en qui le sieur de Sassi pût avoir confiance.

Paillet fut pour cela aux Carmes Déchaux, où il sçavoit que le sieur de Sassi avoit des habitudes; & s'estant adressé au Pere Jerotée, il lui dit ce qu'il avoit appris de sa femme, & le pria de prendre les mesures qu'il croiroit neceſſaires pour tirer le ſieur de Saſſi du peril où il paroiſſoit prêt de tomber ; & il lui fit connoiſtre qu'il n'y avoit pas de tems à perdre, parce que le ſieur de Saſſi devoit partir inceſſamment : c'eſtoit le jour de Noël que cela ſe paſſa.

Le lendemain , jour de S. Eſtienne, le Pere Jerotée fut trouver le ſieur de Saſſi , comme pour lui dire adieu. Le ſieur de Saſſi lui fit d'abord miſtere de ſon voyage ; de ſorte que ce Pere eſtoit ſur le point de ſe retirer ſans lui rien dire, parce que ſi le voyage n'eût eſté qu'une fiction , le recit de Paillet auroit dû paſſer pour ſuſpect. Mais le Pere Jerotée ayant marqué au ſieur de Saſſi qu'il auroit eu un avis important à lui donner ſur ſon voyage, s'il eût eſté veritable , le ſieur de Saſſi le lui avoüa , & lui en dit même le ſujet.

Le pere Jerotée, qui ne cherchoit qu'à rompre ce voyage, ſe contenta de le détromper ſur les prétendus ordres de la Cour, dont on l'avoit allarmé , & de luy faire entendre que c'eſtoit un artifice qu'on employoit pour le perdre. Le Sieur de Saſſi touché du diſcours de ce Religieux, luy promit de ne point partir , ou qu'en tout cas, il ne le feroit pas ſans luy avoir parlé.

En effet , dés que le Pere Jerotée fut ſorti, le Sieur de Saſſi dit tout haut dans ſa maiſon, que ſon voyage étoit rompu, & qu'il ne partiroit point. Il en dit même la raiſon à la Dame de Saſſi, parce que le Pere Jerotée n'ayant cherché qu'à rompre le coup dont le Sieur de Saſſi étoit menacé, il avoit eu la diſcretion de ne rien dire qui pût faire ſoupçonner les auteurs du complot dont il avoit parlé.

Si la Dame de Saſſi n'avoit pas été inſtruite de ce complot, ſi elle n'y avoit pas eu autant de part qu'elle y en avoit, elle en auroit eſté allarmée, & elle auroit cherché à en approfondir la verité , ſoit pour en prévenir l'effet, s'il ſe trouvoit veritable, ſoit pour calmer l'eſprit du Sieur de Saſſi & le ſien propre, ſuppoſé que ce fût une imagination : ce pendant elle eût empêché ſon mari de partir, & de ſortir même de ſa maiſon : il n'y a perſonne à qui l'amitié la plus commune n'eût dicté ces ſentimens pour ſon ami.

La Dame de Saſſi ne parut pas à la verité ſans inquiétude ; mais ce de fut la découverte de ce qu'elle croyoit tres ſecret.

Neanmoins, comme le Sieur de Saſſi n'en paroiſſoit inſtruit que tres imparfaitement, & qu'il ne l'en ſoupçonnoit en aucune maniere, elle comprit qu'en prévenant de plus grands éclairciſſemens, elle lui feroit aiſément reprendre ſon premier deſſein.

Dés qu'elle fut revenuë de ſa ſurpriſe, elle feignit de la joye au Sieur de Saſſi, de ce qu'elle ne ſe verroit pas ſeparée de lui ; & pour le mieux tromper, elle n'oublia pas les careſſes, dont elle ſçait l'uſage mieux que perſonne.

Mais elle eut bien-toſt imaginé un moyen pour effacer de l'eſprit du Sieur de Saſſi les impreſſions que le diſcours du Pere Jerotée y avoit faites, & pour le reſoudre à partir.

Il n'étoit pas poſſible que le Sieur de Saſſi ne fût lors dans une grande perplexité. Un complot pour le perdre dans un voyage qu'il avoit à faire, lui faiſoit connoître qu'il avoit des ennemis qu'il pouvoit craindre par tout.

Le trouble où cette penſée le jetta, donna lieu à un ſtratageme qui n'a pû tomber que dans un eſprit auſſi artificieux que celui de la Dame de Saſſi. Ce fut de dire au Sieur de Saſſi, qu'elle le voyoit trop cruellement agité du diſcours du Pere Jerotée, pour ne lui en pas découvrir le myſtere, & pour lui diſſimuler plus long-tems la verité.

C'eſt moi , lui dit-elle, qui ai fait venir ce Religieux, & ce qu'il vous a dit n'eſt qu'une fiction que mon amour m'avoit ſuggerée pour vous retenir. Mais quoi qu'il m'en doive coûter, le repos de vôtre eſprit m'eſt trop cher, pour ne vous pas tout ſacrifier.

Qui se seroit méfié d'un pareil artifice ? aussi produisit-il son effet; sur le champ le Sieur de Sassi se disposa à partir, suivant son premier projet.

Paillet, qui avoit fait agir le Pere Jerotée, fut témoin de ce changement; mais n'ayant pas le tems d'en avertir ce Religieux, il fit ses efforts pour differer au moins d'un jour le départ du Sieur de Sassi, en lui disant que l'habit qu'on luy avoit acheté tout fait ne lui venoit pas bien, qu'il estoit de beaucoup trop large; & comme il est Tailleur, il offrit de le raccommoder promptement : il comptoit qu'en emportant l'habit, il auroit le temps necessaire pour faire revenir le Pere Jerotée. Le Sieur de Sassi s'étoit laissé persuader; mais la Dame de Sassi rendit cet artifice inutile, en disant que Paillet ne trouvoit à redire à l'habit du Sieur de Sassi, que parce qu'il ne l'avoit pas fait, & elle obligea le Sieur de Sassi de le garder tel qu'il étoit.

Le Sieur de Sassi partit donc le lendemain, jour de S. Jean, de grand matin. La Dame de Sassi le conduisit seul au Carosse, où se trouva le Grec, qui ne fut vû d'aucun domestique.

Le Sieur de Sassi ne fut lors que jusqu'à Senlis, où il quitta le Grec : de là il alla à Roüen, d'où il est revenu sur le champ à Paris.

Une Lettre qu'il écrivit de Roüen au Pere Jerotée, & même une autre qu'il a écrite depuis à la Dame de Sassi, prouvent que ce qui l'empêcha de continuer son voyage à Bruxelles, & l'obligea de revenir à Paris, fut que ce que le Pere Jerotée lui avoit dit n'étoit pas tellement effacé de son esprit, qu'il n'y en fût resté quelque impression ; & il fit d'ailleurs attention à la promesse qu'il lui avoit faite de ne point faire son voyage sans lui en avoir parlé.

C'est pourquoi, par la Lettre qu'il lui écrit, il l'avertit de son arrivée; comme n'estant point le voyage qu'il devoit faire, & il lui declare qu'il reviendra à Paris, où il lui promet de le voir. On ne peut douter que son dessein ne fût d'entrer dans quelques éclaircissemens sur l'avis que ce Pere lui avoit donné touchant son voyage.

Mais la Dame de Sassi sçut rompre ce coup, en tenant le Sieur de Sassi enfermé dans son cabinet pendant tout le tems qu'il fut à Paris. Car il est certain qu'il ne sortit point, & qu'il demeura caché à tout le monde, hors à la Dame de Sassi & au Sieur de Ponsenat proche parent & confident de la Dame de Sassi. Comme tous ceux qui n'estoient pas de l'intrigue étoient suspects à la Dame de Sassi, elle ne souffrit pas que le Sieur de Sassi fût vû de qui que ce soit, non pas même d'aucun de ses domestiques : le fait est certain. Elle apprehendoit que le Sieur de Sassi ne donnât quelque ordre qui eût procuré une seconde visite du Pere Jerotée; ce qui eût été la ruine absoluë de ses projets.

Pendant qu'elle le tenoit, pour ainsi dire, prisonnier, elle & le Sieur de Ponsenat s'appliquerent uniquement à effacer de son esprit les impressions que l'avis du Pere Jerotée y avoit faites, & le déterminerent absolument à se retirer. Il repartit en effet le jour des Rois sur les neuf heures du soir, seul, monté sur un méchant cheval, & avec le seul habit qu'il avoit sur luy. La Dame de Sassi lui avoit fait entendre qu'en partant de cette maniere il déroberoit sa marche à ses ennemis.

Les services que le sieur de Ponsenat avoit rendus dans cette occasion, furent récompensez d'une Chapelle d'argent, que la Dame de Sassi lui envoya quelques jours aprés le départ du sieur de Sassi.

La Dame de Sassi faisant lors attention sur ce que le Pere Jerotée avoit dit au sieur de Sassi, elle crut qu'il lui estoit important de découvrir ce qu'il sçavoit du complot, & comment il l'avoit appris. Cela l'obligea d'aller voir ce Pere, & d'y envoyer le sieur de Ponsenat pour le faire parler.

Les entretiens de la Dame avec ce Pere ne prouvent que trop la verité du complot, & la part qu'elle y a eu.

Dans les premieres converfations, elle feignit de n'avoir aucune curio-
fité de fçavoir le fujet de la vifite qu'il avoit rendue au fieur de Saffi, & de
n'en avoir point d'inquiétude; mais elle affecta de lui dire que le fieur de
Saffi n'avoit été que jufqu'à Senlis, où il avoit congedié le Grec. Elle lui
parla du voyage qu'il avoit fait à Roüen, de fon retour à Paris, & enfin de
fon départ.

Dans les autres vifites, elle changea de ftile. Tantôt elle témoignoit
de l'inquiétude de l'abfence du fieur de Saffi, tantôt elle faifoit efperer
fon retour, tantôt elle feignoit que c'eftoient les avis du Pere qui l'avoient
obligé de fe retirer.

D'autres fois le Pere luy ayant parlé du complot, comme fçachant qu'il
avoit efté formé par deux femmes pour fe défaire du fieur de Saffi, elle
ne pût s'empêcher de s'écrier : *Eh, mon Pere ! comment ne feroit-il pas péri,
nous ne le reverrons plus ? il eft mort, il eft parti avec le plus fieffé fcelerat du
monde, un Grec qui le tuera pour fon argent.*

Elle vouloit éloigner par là le foupçon qu'elle eût part au complot, &
qu'elle eût entretenu aucune correfpondance avec le Grec.

Une autre fois, pour obliger le Pere à s'expliquer encore davantage,
elle paffa jufqu'à luy dire, que par les deux femmes qu'il difoit avoir
formé le complot, il entendoit parler d'elle & de la Damoifelle Chambonneau.

Enfin, ne pouvant tirer de luy fon fecret, elle s'emporta jufqu'à luy dire,
que c'eftoit luy-même qui avoit fait affaffiner le fieur de Saffi, & qu'elle
alloit en rendre fa plainte.

Le but de la Dame de Saffi dans cette conduite eftoit moins de fe jufti-
fier, que de découvrir d'où ce Pere avoit appris ce qu'il fçavoit du complot; parce qu'un coupable eft comme fauvé dés qu'il peut fçavoir avant
l'accufation quelles preuves il peut y avoir de fon crime, n'y ayant en ce
cas que trop de moyens pour affoiblir ces preuves, & même pour les détourner.

Cependant la Dame de Saffi feignoit aux amis du fieur de Saffi qu'elle
en recevoit des nouvelles. Elle difoit aux uns qu'il eftoit en Bourbonnois,
& aux autres qu'il eftoit en Normandie. Mais comme les domeftiqnes ne
voyoient aucunes Lettres de luy, ils entrerent dans de grands foupçons,
& les informations prouvent qu'ils le crurent mort.

Plufieurs chofes leur en fit naître la penfée.

La valife que le fieur de Saffi avoit emportée fut rapportée quelque temps
aprés fon départ.

On trouva dans cette valife fon linge, fes habits, les razoirs dont il fe
faifoit luy-même le poil.

La Dame de Saffi vendit fa canne, une partie de fes habits, & envoya
querir un Fripier pour vendre le refte.

Elle entretenoit un commerce de Lettres avec le Grec qui eftoit à
Bruxelles ; & ce Grec eftant revenu vers la mi-Carême, elle eût plufieurs
entretiens fecrets avec luy : & il luy dit un jour, en la quittant, de n'avoir
point d'inquiétude au fujet des Lettres qu'elle luy avoit écrites, & qu'elle
luy redemandoit, qu'il les avoit bruflées.

Les domeftiques ayant demandé à cet homme des nouvelles de leur
Maître, il parloit aux uns d'une façon, aux autres d'une autre.

La Dame de Saffi voyant que fes gens le regardoient avec indignation
comme coupable de la perte du fieur de Saffi, & apprehendant d'ailleurs
fon indifcretion, elle l'obligea de s'éloigner ; de forte qu'il eft tellement
difparu, qu'on n'a pû découvrir où il s'eftoit retiré.

Comme le crime ne fe peut effacer de l'efprit des coupables, il les
tient

jent toûjours dans une inquiétude qu'ils ont de la peine à cacher, & qui
ouvent les trahit par les mesures mêmes qu'ils prennent pour chercher
eur sureté.

La Dame de Saffi toûjours inquiette sur ce qu'on pensoit de l'absence
le son mary, consultoit ce qu'elle avoit à dire si on luy en demandoit
raison.

Monsieur & Madame de Villiers ne furent pas des premiers à apprendre
e sort du sieur de Saffi, parce qu'ils n'avoient aucun commerce avec luy
ni avec ses amis. Lorsqu'ils en ont esté instruits, ils n'ont pas crû qu'il
eur fût permis de se taire ; & que n'eût point dit leur famille, leurs amis
& tout le Public même ? si dans une pareille occasion ils eussent gardé le
silence.

Monsieur de Villiers a donc rendu sa plainte le 30. Juin 1705. & du
complot fait pour se défaire du sieur de Saffi, & de la supposition de l'enfant qui estoit élevé dans la maison comme son fils.

Y ayant eu une permission d'informer & des informations, il y a eu un
decret de prise de corps contre la Dame de Saffi, la Damoiselle Chambonneau & le Grec, & un decret d'adjournement personnel contre le
sieur de Ponsenat, le sieur Viginaire & Mercier pere de l'enfant supposé ; & sur le vû des charges, ces decrets ont esté confirmez par Arrest
de la Cour.

Le Procés a esté instruit par interrogatoires, recolemens & confron-
ations.

La Dame de Saffi fait par ses Ecrits un long détail de cette Procedure, qu'elle suppose que Monsieur de Villiers a fait durer long-temps, pour
a retenir dans une prison, dont elle exagere la rigueur.

Elle se plaint encore de la saisie qui a esté faite de ses effets & de ses
Papiers, comme d'une chose extraordinaire ; mais en même temps elle se
plaint aussi de ce que Monsieur de Villiers n'a laissé au Procés que les
Papiers qu'il a choisis : il ne devoit pas, dit-elle, écarter les autres dont
elle pouvoit tirrer sa justification.

Si quelqu'un a lieu de se plaindre de ce qui s'est passé par rapport à la
Procedure, c'est Monsieur de Villiers ; & la Dame de Saffi a même plus
à le remercier de son honnesteté pour elle, que de son indiscretion. C'est
ce qu'il est necessaire d'expliquer, pour montrer que jamais accusateur n'a
gardé autant de mesures, & n'a conservé autant d'honnesteté pour un
accusé, qu'a fait Monsieur de Villiers dans cette occasion.

Premierement, on ne doit point luy imputer la longueur de la Procedure ; les incidens qui en ont esté la cause, n'ont point dépendu de luy.

Il a falu porter l'affaire en l'Officialité, à cause des sieurs de Ponsenat
& Viginaire.

La Damoiselle Chambonneau a attendu à l'extrémité à se mettre en
estat.

L'accusation de la supposition d'enfant a demandé necessairement une
longue instruction, parce qu'il a falu envoyer en Bourbonnois, soit pour
faire signifier l'adjournement personnel decerné contre Mercier, soit pour
y compulser plusieurs Pieces necessaires.

Monsieur de Villiers ayant même voulu faire compulser quelques Pieces
à Paris, la Dame de Saffi y a apporté tous les obstacles possibles.

En second lieu, il n'est point vray que la Dame de Saffi ait esté aussi
renfermée qu'elle le dit, ni qu'elle ait esté traitée avec dureté dans sa
prison ; elle y a vû qui bon luy a semblé, & il est public qu'elle y a toûjours eu grosse compagnie, & qu'elle n'y a pas manqué de plaisirs.

Troisiémement, il y a assurément de l'injustice, & même de l'imprudence dans la plainte qu'elle fait de la faisie de ses Papiers, & de l'usage qu'en a fait Monsieur de Villiers.

Elle ne peut nier que Monsieur de Villiers n'ait consenti qu'on luy en rendit plusieurs dont il auroit pû faire un grand usage, s'il avoit cherché autre chose que la vérité des faits portez par sa plainte, c'est-à-dire, s'il n'avoit eu d'autre dessein que de satisfaire quelque passion dont il eût esté animé contre elle.

Ces Papiers, puisqu'elle force Monsieur de Villiers de le dire, estoient plusieurs liasses de Lettres qui concernoient les differentes intrigues de la Dame de Sassi, & qu'elle avoit gardées comme des monumens glorieux de ses conquestes.

Il y avoit encore un Registre de prests qu'elle faisoit sur gages à gros interests.

La facilité qu'a eu Monsieur de Villiers de consentir la **restitution de** ces Pieces à la Dame de Sassi, sans estre paraffées, a eu pour témoins le sieur Lieutenant Criminel, & les autres Officiers présens au paraffe. Est-ce là le procedé d'un ennemy injuste & animé d'un esprit de calomnie.

Quatriémement, si tous les Papiers paraffez ne sont pas demeurez au Procés, on ne doit l'imputer qu'à la Dame de Sassi ; car c'est elle qui a fait ordonner par Sentence, que Monsieur de Villiers declareroit ceux dont il entendoit se servir, & que les autres luy seroient rendus, ce qui a esté executé. Si entre ces Papiers il y en avoit qui luy fussent utiles pour sa défense, elle a eu la liberté de s'en servir & de les produire.

Enfin, Monsieur de Villiers ne peut se dispenser d'observer, que dans le cours de l'instruction il y a eu des incidens qui prouvent, que le sieur Lieutenant Criminel a cherché à favoriser la Dame de Sassi.

Outre la faisie des Papiers apportez au Greffe du Chastelet, il y avoit eu un scellé apposé, & une garnison établie dans une maison que la **Dame** de Sassi avoit à Revilli.

La Dame de Sassi en ayant demandé main-levée, il y eut une Ordonnance portant, que la Requeste seroit communiqué à Monsieur de Villiers. Monsieur de Villiers demanda de sa part qu'il fût procedé à une perquisition & à une description de ce qui estoit dans cette maison. Comme il y avoit sans doute des choses que la Dame de Sassi avoit interest qu'on ne vit pas, elle se servit d'une autre voye pour rentrer en possession de la maison. Sous le nom du Comte de Clermont, qui supposa que la maison estoit à luy, elle fit transporter un Commissaire ; & en l'absence de celuy qui y estoit en garnison, on força la maison sans aucune formalité. Il n'a esté fait aucune justice d'un procedé aussi violent.

Lorsque la Damoiselle Chambonneau s'est presentée aprés une contumace de prés de six mois, elle fut interrogée & mise hors des prisons sur le champ, sans avoir vû les charges & informations, bien que la Sentence énonce qu'elles ont esté vûes : & la preuve que cette énonciation est fausse, c'est qu'au temps que la Damoiselle Chambonneau s'est representée, & que la Sentence a esté rendue, sçavoir, le 26. Janvier 1706. tout le Procés estoit au Greffe de l'Officialité, d'où il n'a esté rapporté au Greffe du Chastelet que le 29. du même mois de Janvier. Cela paroist par les Registres de ces deux Greffes.

A la veille du jugement du Procés la Dame de Sassi avoit fait imprimer & signifier des copies de plusieurs Lettres prétendues avoir esté écrites par le sieur de Sassi, Monsieur de Villiers demanda que les originaux luy en fussent representez pour en connoître la verité. Quelque juste que fût cette demande, on la joignit, & le Procés fut jugé le lendemain.

Par la Sentence la Dame de Sassi, la Damoiselle Chambonneau, le sieur de Ponſenat & Viginaire, ſont déchargez de l'accuſation pour raiſon du complot pour ſe défaire du ſieur de Saſſi, & Monſieur de Villiers eſt condamné en des dommages & intereſts envers eux.

Et en tant que touche l'accuſation pour raiſon de la ſupoſition d'enfant, on donne acte à la Dame de Saſſi de la declaration faite par elle & par Mercier, que l'enfant n'eſt point d'elle & du ſieur de Saſſi, en conſequence on met ſur ce chef les Parties hors de Cour, & neanmoins Monſieur de Villiers a eſté condamné en 300 livres de dommages & intereſts envers Mercier.

Par ce Diſpoſitif la Sentence met quelque difference entre les deux Chefs d'accuſation ; elle décharge la Dame de Saſſi de l'accuſation du complot, avec dommage & intereſts, cela emporte une veritable abſolution.

Mais à l'égard de l'accuſation de ſuppoſition d'enfant, il met ſimplement hors de Cour. On ſçait qu'une pareille prononciation ne ſuppoſe pas une entiere innocence dans la perſonne de l'Accuſé.

Monſieur de Villiers & la Dame Saſſi ſont reſpectivement Appellans de la Sentence.

Monſieur de Villiers ſe plaint de ce que la Dame de Saſſi n'a pas eſté déclarée atteinte & convaincue du complot fait contre le ſieur de Saſſi, & de la ſuppoſition d'enfant dont il s'eſt plaint.

De ce que le ſieur de Ponſenat n'a pas eſté declaré complice du complot.

De ce que Mercier pere de l'enfant ſuppoſé n'a pas eſté declaré complice de la ſuppoſition.

Et enfin, de ce qu'il a eſté condamné en des dommages & intereſts & même de ce qu'on ne les luy a pas adjugez.

La Dame de Saſſi de ſa part ſe plaint de ce qu'on ne luy a adjugé que 2000 liv. de dommages & intereſts ; elle prétend qu'on devoit luy adjuger une ſomme plus forte.

Mais avant que d'entrer dans cette diſcuſſion, il eſt neceſſaire d'expliquer ce qui s'eſt paſſé depuis la Sentence ſur l'eſtat du ſieur de Saſſi.

Le ſieur de Saſſi forcé de quitter ſa maiſon & ſon pays par les terreurs paniques dont on l'avoit effrayé, avoit paſſé dans l'Iſle de Jerſay, au hazard d'eſtre arreſté comme transfuge en paſſant dans un Pays ennemy, ou d'eſtre pillé & jetté à la Mer par les Matelots, ou enfin d'eſtre traité en eſpion par les Ennemis.

Et en effet, en a ſçû qu'il avoit eſté d'abord arreſté comme tel, & c'eſt ce qui a fait ignorer ſon ſort pendant long-temps.

Sa détention jointe à ſes inquiétudes ſur les prétendus ordres de la Cour, qui ne l'ont jamais quitté, luy ont enfin alteré l'eſprit.

La Dame de Saſſi avertie de cet accident, & n'ayant plus rien à craindre de ſa perſonne, chercha à le faire revenir pour agir ſous ſon nom, & pour lui faire ſigner tous les Actes qu'elle jugeroit à propos.

Mais ſa negociation ne pût eſtre ſi ſecrete que Monſieur & Madame de Villiers n'en fuſſent inſtruits. Il eſtoit de leur intereſt de veiller à la ſureté de la perſonne du ſieur de Saſſi. Ayant donc appris qu'il devoit debarquer à ſaint Malo, ils préſenterent une Requeſte au Juge pour connoître l'eſtat auquel ſe trouveroit le ſieur de Saſſi, & pour empêcher qu'on n'abuſât de la ſituation de ſon eſprit.

Le Juge s'eſtant tranſporté au lieu où eſtoit deſcendu le ſieur de Saſſi, il l'interrogea ; & par l'interrogatoire, ſon eſprit parut aliené.

La Dame de Saſſi qui eſtoit allée à ſaint Malo pour ſe rendre maîtreſſe de ſa perſonne, fut ſurpriſe de cette procedure. On luy remit neanmoins le sieur de Saffi entre les mains, mais pour le representer en temps & lieu. Elle le ramena à Paris, & en même temps elle interjetta appel de la procedure faite à saint Malo.

Cet incident a donné lieu à une longue plaidoirie, sur laquelle est intervenu Arrest, qui a declaré la Dame de Saffi non recevable dans son appel, & qui pour proceder sur l'interdiction du sieur de Saffi, a renvoyé Monsieur & Madame de Villiers au Chastelet.

En consequence, Monsieur & Madame de Villiers s'estant pourvû pardevant le sieur Lieutenant Civil, le sieur de Saffi a esté interrogé de nouveau ; & son esprit s'estant trouvé aliené, il a esté interdit.

Monsieur Cousinet Maistre des Comptes, Curateur nommé, ayant fait proceder à l'inventaire de ses biens, on a reconnu la depradation que la Dame de Saffi en a faite. Car de plus de 300000 liv. que le sieur de Saffi avoit au temps de son mariage, à peine se trouve-t-il dequoy payer sa pension.

Quoique ces faits soient differens de ceux qui font le sujet du Procés, ils n'y sont pas absolument estrangers ; car estant évident que l'alienation d'esprit du sieur de Saffi est une suite, & un effet du complot formé contre luy, cela aggrave le crime de ceux qui en sont les Auteurs.

Cela présupposé, l'ordre que Monsieur de Villiers se propose pour establir ses griefs contre la Sentence, est de prouver.

Premierement, que la Dame de Saffi est coupable d'un complot formé pour se défaire du sieur de Saffi, & que le sieur de Ponsenat est l'un des complices, & que par consequent on n'a point dû les decharger de l'accusation intentée contre eux à ce sujet.

En second lieu, que la Dame de Saffi a supposé un enfant comme estant du sieur de Saffi & d'elle, & que Mercier a participé à ce crime, & qu'ainsi on n'a point dû mettre hors de Cour sur la plainte que Monsieur de Villiers en avoit rendue.

Et enfin, que tant s'en faut qu'on ait deû prononcer contre Monsieur de Villiers une condamnation de dommages & interests, on doit luy en adjuger.

PREMIERE PARTIE.

Que la Dame de Saffi a esté justement accusée d'un Complot fait contre le Sieur de Saffi.

Il ne paroist plus douteux qu'il n'y ait eu un Complot formé pour se défaire du sieur de Saffi, outre qu'il s'en trouve trop de preuves dans les Informations & dans l'Interrogatoire de la Dame de Saffi pour oser le nier. La Dame de Saffi suppose elle-même ce Complot dans ses Ecritures, & la Cour pourra se souvenir, que lors qu'à l'occasion de l'appel interjetté par la Dame de Saffi de la procedure faite à S. Malo, l'affaire a esté portée à l'Audience, l'on a plaidé sur ce pied-là.

En effet, il est certain que la retraite du sieur de Saffi hors de France, que les perils où cette retraite l'a précipité, sont l'effet des terreurs paniques dont on avoit frapé son esprit, pour luy en faire prendre la resolution.

Il ne s'agit que de découvrir les veritables Auteurs de ce Complot ; car la Dame de Saffi, qui en est accusée, veut que ce soient Monsieur & Madame de Villiers qui en soient coupables. Ce sont ceux, si on l'en croit, qui, par le ministere du Pere Jerotée, ont effrayée le sieur de Saffi, & luy ont inspiré le dessein de s'absenter, comme il a fait, pour avoir un prétexte de former l'accusation qu'ils ont formée contre elle, à se venger

par-là

par-là du mauvais succés qu'avoit euë l'opposition de Madame de Villiers à son mariage.

Et ainsi, suivant le propre Sistême de la Dame de Sassi, c'est elle ou Monsieur & Madame de Villiers qui en sont les Auteurs. On n'en soupçonne point d'autres. A en juger, par toutes les Regles du bon sens, qui ne peuvent gueres tromper, l'esprit peut-il balancer un moment là-dessus. Comment en soupçonner Monsieur & Madame de Villiers?

1°. Un des plus forts préjugez, en matiere de Crimes, est la conduite des Accusez. Les hommes ne se portent pas tout d'un coup aux grands Crimes; ils s'y accoustument; ils s'y habituent par degrez. Suivant ce principe, comment présumer que Monsieur & Madame de Villiers, dont la conduite a toûjours esté tres-réguliere, ayent esté capables du fait que la Dame de Sassi leur impute, qui est d'avoir employé de mauvais artifices pour obliger le sieur de Sassi à s'absenter, & pour se faire de cette absence un prétexte d'accusation contre elle d'avoir voulu se défaire de son mary? L'esprit se révolte contre une pareille proposition.

C'est sans doute pour affoiblir ce raisonnement que la Dame de Sassi a produit plusieurs Lettres où Monsieur de Villiers est traité d'une maniere indigne; mais ce n'est point par des termes injurieux qu'on décide de la probité ny de la conduite de qui que ce soit. C'est par des faits, par des actions. Les Epithetes, les Traits outrageans, qui ne sont soûtenus de rien, retombent sur ceux qui les écrivent.

La Dame de Sassi pouvoit donc, sans façon, transcrire dans ses Ecritures toutes les injures dont les Lettres qu'elle produit sont remplies. Elle peut mesme s'applaudir sur la comparaison qui y est faite entre elle & Monsieur & Madame de Villiers, & sur la préference qui luy a esté donnée, comme ayant plus de merite qu'eux. C'est une satisfaction que Monsieur de Villiers ne luy envie point. Il avoüe mesme qu'elle a des talens, & une espece de merite que Madame de Villiers n'a pas. Mais chacun a les siens.

2°. Pour se porter à un grand crime il faut y estre excité par quelque puissant motif. Or, se peut-il rien de plus ridicule que le motif que la Dame de Sassi attribuë à Monsieur de Villiers? C'est, dit-elle, pour venger Madame de Villiers du chagrin qu'elle avoit eu de ne pas réussir dans l'opposition qu'elle avoit formée au mariage de Monsieur son frere.

Suivant cette pensée, il faut supposer que le ressentiment de Madame de Villiers de n'avoir pû empêcher ce mariage, c'est-à-dire, de n'avoir pû faire du bien à son frere, a esté assez vif pour luy inspirer un violent desir de vengeance, qu'elle a conservé cette passion pendant plusieurs années, que Monsieur de Villiers y est entré luy-même depuis son mariage; & enfin, que pour la satisfaire il ait voulu commettre un crime des plus noirs.

Ce seroit donner trop de poids à une pareille supposition, que de vouloir le refuter serieusement.

3°. De quelle personne, dit-on, que Monsieur de Villiers s'est servy pour l'execution? D'un Prestre, d'un Religieux, qui a toûjours vêcu & qui vit encore avec édification, dans un Ordre des plus austeres & des plus retirez. Il faut que ce Religieux se soit chargé de l'intrigue, qu'il en soit devenu le premier mobile: Et pourquoy? Pour plaire à deux Religieux de son Ordre, parens de Monsieur de Villiers; de sorte qu'il faut encore supposer, que ces deux Religieux sont entrez les premiers dans le complot pour y engager leur Confrere.

Quelle violence ne faut-il pas faire à son imagination, pour la porter jusques-là? Monsieur de Villiers n'en dira pas davantage.

D

Voyons si la Dame de Saffi a les mesmes préjugez en sa faveur.

On ne prétend point entrer dans l'examen de sa conduite avant ses engagemens avec le sieur de Saffi. Le nom de la Marquise de Ris, quelle portoit lors, ne rappelle que trop le souvenir de ses avantures & de ses intrigues qui l'avoient fait chasser hors de Paris.

Un peu de reflexion sur ce qui s'est passé depuis qu'elle s'est renduë Maitresse de l'esprit du sieur de Saffi.

1°. Il est certain qu'elle a vêcu avec luy dans une débauche publique; & si l'on en croit les Lettres qu'il luy a écrites dans ce temps-là, & qui ne sont que trop croyables, il n'avoit pas lieu de se loüer de sa fidelité.

2°. On ne peut nier qu'elle ne luy ait fait quitter le Service, & qu'elle n'ait vendu elle-même son Régiment, pour ne pas tenir la parole qu'il avoit donnée à Monsieur de Barbezieux de ne la pas épouser.

3°. Il est encore public, qu'elle luy a fait vendre tous ses biens, & que le prix en ayant esté converty en billets, elle s'en est renduë la Maitresse absoluë.

4°. Il est prouvé qu'elle luy avoit supposé un enfant avant son mariage, & que depuis elle avoit tenté de luy en supposer d'autres. Que ne peut-on point croire d'une femme capable de telles actions?

Enfin, on voit assez l'interest qu'elle avoit de se défaire du sieur de Saffi. Elle ne l'avoit épousé que pour son bien, & elle en estoit la Maitresse. La personne du sieur de Saffi ne pouvoit luy estre que fort à charge. Le sieur de Saffi estoit particulier, & lorsqu'il estoit à Paris il sortoit peu. Cela est prouvé par les Informations. La presence continuelle d'un mary, & d'un mary d'une telle humeur, ne peut gueres compatir avec une femme qui a toûjours aimé souverainement sa liberté & son plaisir.

Pour effacer ces idées, la Dame de Saffi s'efforce de prouver par plusieurs Lettres qu'elle produit, que le sieur de Saffi a toûjours eu une veritable estime pour elle; qu'elle, de sa part, a toûjours eu beaucoup de tendresse pour luy; qu'elle n'a rien oublié pour le retenir, ou pour le rappeller auprés d'elle; & enfin, que bien loin d'avoir procuré la vente de son bien, elle s'y est opposée autant qu'elle l'a pû.

Elle entre dans cette justification, parce qu'il ne suffit pas, dit-elle, à un Accusé de prouver qu'il n'est pas coupable, qu'il doit encore à sa reputation, & que c'est le soin qui doit luy estre le plus cher.

Qui croira que c'est la Dame de Saffi, la celebre Marquise de Ris, qui soit si delicate sur le fait de la reputation? Il seroit à souhaiter que celuy qui exprime pour elle de pareils sentimens les luy eust inspirez.

Quant aux Lettres, dont elle fait un detail si long, elle en tire de mauvaises consequences.

1°. Quelque ait esté la conduite de la Dame de Saffi, & quelques sentimens que le sieur de Saffi ait pû en avoir, est-il étonnant que dans les accès de la passion dont il étoit prévenu il luy ait écrit des choses tendres & obligeantes. Pouvoit-il en cet état luy écrire autrement. C'est donc sans raison que pour prouver la regularité de sa conduite, elle étale avec tant d'emphase ce qu'une passion aveugle a dicté, & on ne peut jamais en induire, que quand l'esprit du sieur de Saffi a esté libre, il n'a pas eu pour elle tout le mépris qu'elle méritoit, & qu'il a exprimé dans plusieurs de ses Lettres.

2°. Les témoignages de tendresse, les empressemens, les souhaits d'un prompt retour dont sont pleines les Lettres de la Dame de Saffi, ne sont pas de bonnes preuves qu'elle aimast veritablement le sieur de Saffi, ny qu'elle soûhaitast fort sa presence. Ce sont des artifices usez qui ne trompent que les sots. Y a-t-il Gens qui sçachent mieux exprimer les sentimens tendres & empreſſez que ceux qui les ſentent le moins. L'habitude les y rend plus habiles que les autres. C'eſt par les actions, & non par les paroles, qu'il faut juger du cœur de ceux qui les écrivent.

Dira-t-on, que quand la Dame de Saſſi feignoit une groſſeſſe ſur la fin de l'année 1702. & qu'elle eſtoit ſur le point de luy ſuppoſer un ſecond enfant, elle ſouhaitaſt bien ſerieuſement ſa préſence ? C'eſt neanmoins dans les Lettres qu'elle écrivit lors, qu'elle ſollicite ſon retour avec le plus d'inſtance. Pour peu neanmoins qu'on examine ces Lettres on y trouvera qu'elle ne le ſouhaitoit pas fort, & qu'elle ne l'attendoit pas ſi-toſt; car, malgré l'empreſſement qu'elle marque de le revoir, elle luy conſeille d'achever ſes voyages : *Vous devez quitter, non pas pour venir icy, puiſque cela n'eſt pas de votre gouſt, mais pour achever vos voyages.* C'eſt dans une Lettre du premier Septembre 1702. qu'elle parle ainſi. Dans une autre qui eſt de la même année, & qui eſt la cent quatriéme des Pieces du Procés, elle eſt d'avis qu'il aille à Madrid voir le Roy d'Eſpagne aprés la campagne finie. Dans une, qui eſt du 13. Octobre 1702. elle conſent qu'il voyage, & qu'il voye le Carnaval à Veniſe; & pour l'engager meſme à y demeurer long-temps, elle luy écrit par une autre Lettre du meſme mois, que s'il ſe trouve bien à Veniſe elle pourra l'y aller trouver quand elle ſera accouchée.

3°. La Dame de Saſſi ſe deffend fort mal ſur ce qui regarde la vente des biens du ſieur de Saſſi, ſous pretexte qu'il ſe trouve dans ſes Lettres quelques conſeils qui y paroiſſent oppoſez. Elle connoiſſoit le ſieur de Saſſi. Elle ſçavoit que le moyen le plus ſeur pour avancer les ſentimens qu'on luy avoit inſpirez, c'étoit d'y feindre quelque réſiſtance, afin qu'il cruſt ne ſuivre que ſa volonté. Mais quand il ſe trouvoit quelque obſtacle véritable, elle ſçavoit bien le luy lever. En voicy une preuve.

Le ſieur de Saſſi eſtant ſur le point de ſe marier, il luy reſtoit encore des rentes ſur la Ville qu'il avoit euës en payement de la Terre de Saſſi. On cherchoit à les vendre. Mais il y avoit lors trop à y perdre.

Il y avoit auſſi un inconvenient d'attendre aprés le mariage, parce qu'elles euſſent eſté ſujettes au doüaire.

La Dame de Saſſi s'en eſtant bien inſtruite, elle conſeilla au ſieur de Saſſi de differer le mariage juſqu'à ce qu'il euſt eſté pris des meſures pour y pouvoir diſpoſer de ces rentes en tout temps. Les meſures furent priſes en effet. Ce fut de les mettre ſous le nom de la Dame de Saſſi, qui s'en fit paſſer un Contract de Vente quelques jours avant ſon mariage.

On peut ajouſter, que ce qui s'eſt paſſé depuis le mariage, fait aſſez connoiſtre à qui l'on doit imputer l'alienation des biens, puis que c'eſt elle qui en profite & qui s'en eſt renduë Maiſtreſſe. *Is cui prodeſt ſcelus is fecit.*

Paſſons preſentement aux preuves que la Dame de Saſſi eſt effectivement coupable du Complot formé contre le ſieur de Saſſi. Ces preuves ſe tirent de differents faits, qui ſont de trois ſortes. Ceux qui ont précedé le départ du ſieur de Saſſi, ceux du temps meſme du départ, & ceux qui y ſont poſterieurs,

Faits qui ont précedé le Départ du Sieur de Saſſi.

Le premier, eſt la réſolution de ſe défaire de luy, priſe dans une converſation d'entre la Dame de Saſſi & la Damoiſelle Chambonneau, & la propoſition d'offrir 200. piſtoles au Grec pour ce ſujet.

Ce fait eſt prouvé par les dépoſitions de trois Témoins, qui ſont les nommées Gaſteau & Saulnier, Servantes de la Dame de Saſſi, & Paillet Mary de la Gaſteau. Car, bien qu'il n'y ait que la Gaſteau femme de Chambre qui ait entendu la converſation, les dépoſitions de la Saulnier & de

Paillet, ne font gueres moins fortes que s'ils l'avoient entendu eux-mefmes, parce qu'ils rapportent le récit qui leur en fut fait par la Gafteau, prefque au moment qu'elle l'eut entenduë ; & ainfi dans un temps où en ayant l'efprit tout occupé, ce qu'elle difoit ne pouvoit eftre l'effet d'aucune meditation, & ne pouvoit venir que de la force de la verité.

D'ailleurs, leurs dépofitions ont un caractere de naïveté & de fincerité qui perfuade.

Voicy comment parle la Saunier, qui ne peut eftre fufpecte à la Dame de Saffi, puis qu'elle eft toûjours à fon fervice.

Avant les Feftes de Noël, la Dépofante foupant avec ladite Paillet (c'eft la Gafteau) & fon Mary, ladite Paillet leur dit qu'elle avoit entendu que dans une converfation de la Damoifelle Chambonneau, rendant vifite à la Dame de Saffi, parlant enfemble de fe deffaire ou de fe debarraffer du fieur de Saffi, la Damoifelle Chambonneau avoit demandé à ladite Dame, que donneriez vous bien au Grec pour cela ? Que ladite Dame avoit répondu : Je donnerois bien deux cens Louis; ledit Paillet, en interrompant fa femme fur ce recit, dit, dans le mefme inftant, en ces termes; Bon, bon, vous eftes des femmes; c'eft bien à faire à vous à parler comme cela. Ladite femme foûtint toûjours qu'elle avoit entendu le difcours dans les mefmes termes qu'elle l'avoit recité.

Reflexions importantes fur cette Dépofition.

La premiere, Elle prouve, que le fait grave de la Converfation entenduë par la Gafteau n'eft point un fait imaginé par le Pere Jerotée, depuis le départ du fieur de Saffi pour fervir de fondement à une accufation, puifque la Saufnier en a entendu le récit avant les Feftes de Noël, & par conféquent avant la vifite du Pere Jerotée.

2o. Elle prouve, encore que Paillet n'en eft point l'Auteur, & qu'il ne l'a point inventée pour plaire à Monfieur de Villiers, puifque l'ayant entendu de fa femme, il le rejetta d'abord comme un difcours fans fondement, & qu'il ne fe rendit que fur ce que fa femme infifta, & qu'elle le circonftancia de maniere qu'il ne luy fut plus permis d'en révoquer la vérité en doute.

3o. Aucun intereft, aucune raifon, que la verité, ne pouvoit porter la Gafteau à dire ce qu'elle dit. Elle n'avoit aucun fujet de chagrin contre fa Maîtreffe, & elle ne connoiffoit point Monfieur de Villiers.

Le fecond fait, qui eft une fuite de la converfation, dont on vient de parler, eft le commerce que la Dame de Saffi entretint de ce moment avec le Grec.

Ce Grec avoit quitté depuis quelque temps la Maifon du fieur de Saffi, & c'étoit la Dame de Saffi qui l'avoit obligé d'en fortir.

Cependant, il eft prouvé qu'enfuite de la réfolution prife avec la Chambonneau, la Dame de Saffi avoit efté rechercher ce Grec, & qu'elle avoit eu plufieurs entretiens fecrets avec luy. Quel eftoit le fujet de ces vifites & de ces entretiens ? Il eft évident qu'il s'agiffoit de chofes qui ne pouvoient fe confier aux Domeftiques, & que luy feul pouvoit executer. La Dame de Saffi n'a pû jufqu'à prefent les expliquer.

Le troifiéme fait eft, que pour obliger le fieur de Saffi à s'abfenter, & mefme à quitter le Royaume, la Dame de Saffi luy avoit fait entendre par le Grec qu'il y avoit eu des Ordres de la Cour pour l'arrefter, comme fufpect d'avoir eu des liaifons avec les Ennemis de l'Eftat pendant fes voyages en Efpagne & en Italie.

Le fait, en luy-mefme, qui eft que le fieur de Saffi a efté intimidé de prétendus Ordres de la Cour, n'eft pas contefté. Il eft prouvé par des Lettres du fieur de Saffi, par les Informations, & par la declaration mefme que la Dame de Saffi en a faite dans fon Interrogatoire, dans la Confrontation & dans fes Ecritures.

Mais

Mais pour se justifier de ce fait, elle l'impute au Pere Jerotée.

Il ne se peut une imposture plus hardie, & en même temps plus mal imaginée.

1º. Il est prouvé que le depart du sieur de Sassi estoit resolu, & que les preparatifs en avoient esté faits par la Dame de Sassi, même avant le jour de Noel, & par consequent plusieurs jours avant la visite du Pere Jerotée, qui n'a esté faite que le lendemain de Noel : impossible par consequent que cette visite ait produit les frayeurs qui ont determiné le sieur de Sassi à s'absenter.

2º. Il y a encore preuve que sieur de Sassi estoit prevenu & frapé des ordres de la Cour avant que le Pere Jerotée luy eût parlé. La Dame de Sassi l'a declaré elle-même dans sa confrontation au Pere Jerotée, c'est dans une interpellation qu'elle luy fait ; si lorsqu'il parla au sieur de Sassi, *il ne luy parut pas preoccupé que la Cour le voulût faire arrester par rapport à quelques voyages qu'il avoit faits, & à la relation qu'il avoit eue avec quelques Etrangers en Italie*, la preoccupation du sieur de Sassi sur ces ordres de la Cour luy venoit donc d'ailleurs que du Pere Jerotée, puisque de l'aveu de la Dame de Sassi il l'avoit avant la visite de ce Pere.

3º. Tant s'en faut que le dessein de ce Pere fût de remplir l'esprit du sieur de Sassi de ces ordres supposez, ni de l'engager par là à s'absenter, qu'il n'alloit voir le sieur de Sassi que pour le detromper là-dessus, & pour rompre son voyage, & il l'avoit rompu en effet ; de sorte qu'il ne seroit pas parti si la Dame de Sassi ne luy en avoit fait reprendre la resolution.

Il y a plusieurs preuves de ce fait.

La premiere se tire de la deposition du Pere Jerotée qui declare, qu'ayant gueri l'esprit du sieur de Sassi des vaines frayeurs qu'on luy avoit données des ordres de la Cour, il luy avoit fait promettre de ne point s'absenter.

La seconde est écrite dans les depositions des domestiques entendus dans l'information. Ils declarerent tous, qu'aprés la sortie du Pere Jerotée le sieur de Sassi avoit dit publiquement que son voyage estoit rompu, & qu'il ne partiroit point.

La troisiéme est, l'aveu propre de la Dame de Sassi ; car elle reconnoît expressément dans son premier Interrogatoire, que le Pere Jerotée *avoit prié le sieur de Sassi de ne point faire le voyage qu'il vouloit faire, parce qu'il luy seroit funeste*.

La Dame de Sassi oppose neanmoins quelques Lettres du sieur de Sassi, par lesquelles elle dit qu'il est prouvé que c'est l'entretien du Pere Jerotée qui a jetté dans son esprit les frayeurs qui l'ont obligé de s'absenter.

Mais elle ne rapporte pas fidellement les termes ni le sens de ces Lettres. En effet, il ne faut que les lire pour y trouver le contraire de ce qu'elle suppose. Le sieur de Sassi y parle à la verité de l'inquietude que luy avoit donné l'avis du Pere Jerotée, parce que tout ce que la Dame de Sassi luy en avoit dit n'avoient pû tellement effacer l'impression qu'il y avoit faite, qu'il ne luy revint quelquefois dans l'esprit, il avoit esté donné trop serieusement pour l'oublier. Mais en parlant de l'inquietude qu'il en avoit, il ne dit pas que c'est ce qui l'avoit engagé à partir. Il paroist au contraire que c'est ce qui avoit produit son retour aprés son premier depart, & l'avoit empêché de continuer son voyage à Bruxelles. Cela se voit dans la Lettre du 15. Janvier dont on a déja parlé. Car aprés y avoir parlé de la cause de son éloignement qu'il attribue aux apprehensions qu'il avoit des ordres pretendu de la Cour, il y marque l'incertitude où il est de ce qu'il doit faire en ces termes : *Je n'ay rien resolu, au contraire, j'ay trouvé si peu de sureté & de fonde-ment, que je n'ay pas jugé devoir faire aucune avance ; c'est pour cela que j'ay rompu mon voyage de Bruxelles : comme auss. sur l'inquietude que m'a donné l'avis du Reverend Pere Je... ... Religieux Carme.* Ce discours prouve clairement que l'inquietude du sieur de Saffi sur l'avis du Pere Jerotée estoit autre que celle qu'il avoit des pretendus ordres de la Cour ; que c'estoit ces ordres preten-dus qui l'avoient porté à s'absenter, mais que c'estoient les reflexions qu'il avoit faites sur l'avis du Pere Jerotée qui l'avoient empêché de continuer son chemin & qui l'avoient rappellé à Paris.

Il y a un dernier fait qui n'est pas indifferent ; c'est que la veille du depart du sieur de Saffi, la Dame de Saffi s'estoit fait donner un pouvoir de vendre ce qui luy restoit de biens. Cela sert a prouver qu'elle travailloit toûjours sur le même principe, qui estoit de se rendre maistresse absolue des biens du sieur de Saffi.

Faits ou circonstances du départ du sieur de Saffi.

Le premier fait, est l'avis que le Pere Jerotée donna au sieur de Saffi du complot formé pour se deffaire de luy. Cet avis ayant produit son effet, de sorte que le sieur de Saffi avoit resolu de ne point faire le voyage qu'on luy avoit inspiré ; Qui l'a pû engager à partir nonobstant cette resolution ?

Le second fait est, que la Dame de Saffi parut fort intriguée pendant la visite du Pere Jerotée ; cela est prouvé par les informations, & la Dame de Saffi en convient par son Interrogatoire. Pourquoy cette grande agita-tion ? C'est que tous ceux qui approchoient lors le sieur de Saffi luy estoient suspects, & qu'elle apprehendoit que quelque incident, quelque avis im-prevû, ne rompît ou ne retardât le depart du sieur de Saffi.

La preuve que c'est là ce qui occupoit sa pensée, est la mauvaise raison qu'elle rend de l'inquietude où elle se trouva lors.

C'est, dit-elle, qu'elle apprehendoit que le Pere Jerotée ne vînt pour faire des plaintes contre elle au sujet d'un Procés que le sieur de Saffi avoit contre Monsieur & Madame de Villiers, ou pour decouvrir l'histoire du mignon, c'est-à-dire de l'enfant qu'elle avoit supposé.

Il y avoit prés de quatre ans que cette supposition estoit faite. Pourquoy auroit-elle attendu à ce moment à en craindre la decouverte ? Le sieur de Saffi avoit parlé mille fois à des gens qui eussent pû l'en instruire, & elle n'en avoit eu aucune inquietude.

A l'égard du Procés, la Dame de Saffi n'y avoit point de part ; & d'ail-leurs il faut observer qu'il est au sujet d'une demande de 160 liv. que le sieur de Saffi pretendoit luy estre deus en vertu des partages faits entre luy & Madame sa sœur. Quel sujet de plainte cela pouvoit-il donner contre la Dame de Saffi ?

Lorsqu'on employe d'aussi fausses raisons pour excuser un fait, il doit y en avoir de véritables qu'on n'ose declarer.

Le troisiéme fait est, que c'est la Dame de Saffi qui a persuadé au sieur de Saffi que l'avis qu'il avoit reçû du Pere Jerotée n'estoit qu'une fiction qu'elle même avoit imaginée pour le retenir auprés d'elle, & que par cet artifice elle l'a déterminé à partir.

Ce fait est prouvé, 1º. par les informations ; voicy comment la Gasteau en depose : *Aprés midy la Saulnier s'entretenant sur ce qui se passoit au sujet de la visite des Carmes du départ, dit à la deposante en ces termes : Ta maîtresse est un diable ; & s'expliquant sur ce qu'elle vouloit dire sur sa maniere de parler de ladite Dame dit, que pour faire changer de résolution audit sieur de Saffi, & l'obliger à partir, elle avoit fait accroire audit sieur de Saffi, que c'estoit elle qui avoit fait venir les Carmes pour l'empêcher de partir, luy faisant accroire que c'estoit sa tendresse pour luy & le chagrin qu'elle avoit de son éloignement qui luy avoit fait imaginer ce stratagême, afin de le retenir auprés d'elle.*

Le nommé le Brun, Laquais de la Dame de Saffi, depose aussi, *qu'il avoit sçû des domestiques, qu'une des Festes de Noel des Carmes estoient venus trouver le sieur de Saffi, luy avoient fait changer la resolution qui avoit esté prise pour le faire partir de Paris, mais que ladite Dame avoit trouvé le moyen de faire consentir à son mary son depart.*

20. Par l'évenement, sçavoir, par le départ du sieur de Saffi nonobstant l'avis qu'il venoit de recevoir, & la resolution qu'il avoit prise de ne point s'absenter. Aprés un tel avis & une pareille resolution, il est impossible que le sieur de Saffi ait changé si brusquement sans avoir reveu le Pere Jerotée, parce qu'on luy a fait entendre que ce que ce Pere luy avoit dit n'estoit pas serieux ; & comment, & par qui a-t-il pû estre persuadé, si ce n'est par une personne en qui il eût entiere confiance, & qui luy ait supposé qu'elle estoit instruite de tout par elle - même ? Car enfin, il ne tombera pas sous le sens que le sieur de Saffi ait meprisé de luy - même l'avis qu'il avoit reçû, & dont il avoit d'abord fait un si grand estat, qu'il luy avoit fait changer la pensée de s'absenter. L'avis estoit top important pour ne s'en pas mettre en peine, & il estoit donné par une personne trop croyable pour n'y pas ajoûter foy ; mais quand il n'eût pû former qu'un doute, le doute eût bien merité d'estre éclairci.

Il a donc falu, pour persuader que l'avis n'estoit pas veritable, supposer que l'on estoit du mystere avec celuy qui l'avoit donné ; & qui a pû faire cette supposition que la Dame de Saffi, puisqu'elle seule avoit vû le sieur de Saffi depuis la visite du Pere Jerotée ?

3°. Par la propre reconnoissance de la Dame de Saffi, elle declare dans ses Griefs, que pendant qu'elle tint le sieur de Saffi enfermé dans son cabinet, sans qu'il fut visible qu'à elle & au sieur de Ponsenat, elle s'employa à luy guerir l'esprit des frayeurs que ce Pere Jerotée luy avoit inspirées. Etant donc certain que le Pere Jerotée n'avoit inspiré d'autre crainte au sieur de Saffi que celle du danger qu'il devoit courir s'il quittoit Paris, la consequence est juste que la Dame de Saffi luy avoit representé ce danger comme estant imaginaire.

Le quatriéme fait ou la quatriéme circonstance, est la conduite de la Dame de Saffi dans cette occasion. Elle fournit seule une preuve convaincante qu'elle vouloit se deffaire du sieur de Saffi.

Elle sçait que le sieur de Saffi est averti d'un complot fait contre sa personne ; que le voyage qu'il devoit faire estoit un effet de ce complot ; & enfin, qu'on l'avoit assuré que ce voyage devoit luy estre funeste. Cela se voit par son propre Interrogatoire.

Si elle eût ignoré le complot, si elle n'y avoit eu aucune part, la raison & son devoir l'obligeoient indispensablement d'aller trouver le Pere Jerotée qui avoit donné l'avis pour approfondir le fait avant que le sieur de Saffi sortît de Paris. Il n'y avoit rien qui meritât davantage son attention & ses soins, puisque la vie du sieur de Saffi paroissoit si fort menacée. Pour peu que chacun se consulte, on conviendra qu'il ne faut que s'interesser mediocrement à la conservation d'une personne pour la retenir, & pour ne pas souffrir qu'elle se precipite aveuglement dans un pareil danger. Quels doivent donc estre les soins, les inquietudes d'une femme dans une telle occasion ? Les simples remontrances, les prieres ne sont pas suffisantes ; elle doit tout employer jusqu'à la violence pour arrester son mary.

Cependant la Dame de Saffi laisse tranquillement partir le sieur de Saffi une premiere fois, sans avoir fait aucune demarche pour l'eclaircissement d'un fait aussi important. S'estant même presenté un moyen favorable de differer d'un jour le depart du sieur de Saffi sur la remontrance que fit un Tailleur sur la façon d'un habit, non seulement elle ne s'en servit pas, mais ce fut elle qui le fit manquer, en rejettant avec aigreur la proposition du Tailleur.

Il y a plus, le sieur de Saffi ayant rompu son voyage de Bruxelles, & l'inquietude que luy donnoit toûjours l'avis du Pere Jerotée, l'ayant rappellé à Paris, il y fut quelques jours ; & de l'aveu de la Dame de Saffi, il luy reparla de ce que ce Pere luy avoit dit. N'estoit-ce pas une nouvelle obligation de s'éclaircir du fait ? il luy estoit fort facile de le faire. Au lieu de cela, elle ne travailla de son propre aveu qu'à luy representer le discours de ce Religieux comme une chimere, & à lever les impressions qu'il avoit faites sur son esprit ; & après l'avoir tenu caché pendant tout le temps qu'il fut à Paris sans le laisser voir à qui que ce soit, non pas à aucun domestique, elle le laisse ou plustost elle le fait partir une seconde fois seul & la nuit.

Est-ce un jugement temeraire que d'inferer de cette conduite, que la Dame de Saffi estoit bien-aise de voir partir son mary, & qu'elle agissoit de concert avec ceux qui luy en avoient inspiré le dessein ?

Aussi le conseil de la Dame de Saffi n'a point trouvé d'autre moyen de l'excuser dans cette occasion, que de nier qu'elle eût eu aucune connoissance du complot, & que le sieur de Saffi luy en eût parlé ; & là-dessus il s'écrie contre Monsieur de Villiers : *Que d'emportemens, que d'impostures ! car quel nom donner à des faits quand ils sont aussi graves ?*

On devroit mieux choisir ses faits pour en faire le sujet de pareilles exclamations ; car de traiter aussi hardiment d'impostures des faits certains & prouvez, c'est vouloir perdre toute creance, & c'est donner plus de poids à tous les autres faits avancez par celuy qu'on accuse aussi temerairement de mensonge.

Or est-il vray que la Dame de Saffi n'eût point de connoissance de l'avis donné au sieur de Saffi par le Pere Jerotée ? Est-il vray que le sieur de Saffi ne luy en eût point parlé ?

Il ne faut que s'en rapporter à elle-même. Elle declare expressément dans un des articles de son premier Interrogatoire, qu'elle avoit appris du sieur de Saffi que le Pere Jerotée l'avoit prié de ne point faire le voyage qu'il avoit projeté, & que s'il le faisoit, il luy seroit funeste.

Elle convient encore dans un autre article, que le sieur de Saffi avoit promis au Pere Jerotée qu'il ne partiroit point.

Cela est encore prouvé par ce que disent tous les témoins ; qu'aussi-tost que le Pere Jerotée fut sorty, le sieur de Saffi déclara publiquement que son voyage étoit rompu, & qu'il ne le feroit point.

Le sieur de Saffi avoit donc fait confidence à la Dame de Saffi de l'avis qu'il avoit reçû du Pere Jerotée, & du péril auquel son voyage le devoit exposer.

Il est vray que le sieur de Saffi n'avoit pas déclaré les circonstances ny l'auteur du coup qu'il avoit à craindre, parce que luy-même n'en étoit pas instruit. Le Pere Jerotée ayant eu la discrétion de ne luy dire que ce qui luy avoit parû necessaire pour rompre son voyage.

Mais il est toujours certain, que le sieur de Saffi avoit instruit la Dame de Saffi du péril auquel le Pere Jerotée luy avoit dit qu'il s'exposoit en faisant son voyage ; & ainsi on a eu raison de dire, que la Dame de Saffi n'ayant point fait ce que toute autre femme eust fait en pareille occasion ;

soit

ſoit pour empêcher ſon mary de partir, ſoit pour éclaircir le fait dont avoit parlé le Pere Jerotée ; elle n'étoit pas fâchée du départ de ſon mary, & même qu'elle n'avoit eſté que trop inſtruite de l'intrigue qui donnoit lieu à ce départ.

Le cinquiéme fait, eſt l'affectation que la Dame de Saſſi a euë, de tenir le ſieur de Saſſi caché, ſans le laiſſer voir à qui que ce ſoit, qu'au ſieur de Ponſenat, pendant le ſéjour qu'il fit à Paris aprés ſon retour de Roüen, & avant ſon ſecond départ.

Quelle raiſon d'une retraite ſi extraordinaire du ſieur de Saſſi dans ſa maiſon ? C'eſt que la Dame de Saſſi apprehendoit de retomber dans le même embaras où l'avoit miſe la viſite du Pere Jerotée, ſi le ſieur de Saſſi avoit le moindre commerce avec qui que ce ſoit. Comme elle ne ſçavoit qui avoit fait venir ce Religieux, tout luy étoit ſuſpect juſqu'à ſes domeſtiques.

En vain elle répond, que ç'avoit eſté le ſieur de Saſſi qui avoit voulu être ainſi renfermé dans ſa maiſon, & y demeurer abſolument inconnu.

Il ne ſouffroit d'être ainſi caché, parce que la Dame de Saſſi l'entretenoit toujours dans l'apprehenſion où elle l'avoit jetté, d'être arrêté par Ordre de la Cour : Et encore eſt-il certain, que ſi elle l'avoit laiſſé agir librement, il ſe ſeroit laiſſé aller à ceux dont il auroit crû n'avoir pas ſujet de ſe défier. En effet, bien qu'au temps de ſon premier départ, il eut la même raiſon de ſe tenir caché, & qu'il y eut même des ordres de ne luy laiſſer parler qui que ce ſoit, il ne laiſſa pas de vouloir parler au Pere Jerotée, dés qu'il ſçut qui il étoit. On peut même aſſurer que ſi on l'euſt laiſſé quelques momens à lui-même, il euſt envoyé querir ce Pere ; puiſque par la Lettre qu'il luy avoit écrite de Roüen, il luy avoit promis de le voir dés qu'il ſeroit à Paris, & il avoit même une puiſſante raiſon pour le faire ; parce qu'il paroiſt, & par ſes Lettres & parce qu'en dit la Dame de Saſſi elle même, que malgré ce qu'elle avoit pû luy dire, il n'étoit pas ſans inquiétude ſur l'avis que ce Pere luy avoit donné. Qui a donc empêché le ſieur de Saſſi de voir ce Religieux comme il l'avoit promis & comme il le devoit, ſinon l'intereſt ſenſible que la Dame de Saſſi avoit d'éviter une ſeconde viſite, qui euſt rompu le voyage pour toujours ?

Faits poſterieurs au départ du Sieur de Saſſi.

Le premier fait conſiſte dans les viſites que la Dame de Saſſi a renduës au Pere Jerotée, aprés le départ du ſieur de Saſſi. Ces viſites meritent une attention particuliere, par raport au temps auquel elles ont eſté faites, & à ce qui fut dit dans les entretiens.

La Dame de Saſſi attend à aller voir ce Religieux, que le ſieur de Saſſi ſoit party, & par conſequent dans un temps auquel les éclairciſſemens qu'elle pouvoit tirer de luy ne pouvoient être utiles, par raport au voyage du ſieur de Saſſi. Pourquoy n'alloit-elle pas trouver ce Pere dans le temps que cela étoit neceſſaire pour connoiſtre & pour prévenir le péril dont le ſieur de Saſſi étoit menaſſé ?

Il ne peut y avoir d'autre raiſon, ſinon qu'elle n'alloit pas voir le Pere Jerotée pour être inſtruite du complot dont il avoit donné avis, & encore moins pour en rompre l'effet ; mais pour découvrir ce que ce Pere en ſçavoit, comment il l'avoit appris, & quelles preuves il pouvoit en avoir.

En effet, les entretiens qu'elle eut avec luy prouvent qu'elle n'avoit point d'autres vûës.

Car, en luy diſant qu'elle ne venoit pas pour ſçavoir ce qu'il avoit dit au ſieur de Saſſi, ce n'étoit que pour l'exciter à le luy dire ; & en feignant qu'elle n'avoit point d'inquietude la deſſus, ne marquoit elle pas celles dont elle eſtoit agitée.

Lorſque changeant de langage, elle ſe diſoit inquiette du ſort du ſieur de Saſſi, & qu'elle parloit même de ſa perte, comme d'un coup du Grec qui l'avoit accompagné; n'étoit-ce pas pour éloigner les ſoupçons qu'on pouvoit avoir de ſon intelligence avec ce Grec, & de la part qu'elle avoit dans le complot.

Quand elle dit au Pere Jerotée, que par les deux femmes qu'il diſoit avoir formé le complot, il entendoit parler d'elle & de la Damoiſelle Chambonneau : Pouvoit-elle lui demander avec plus d'inſtance, s'il le penſoit ainſi, & ce qui luy donnoit lieu de le croire ?

Enfin, quand elle luy a reproché que c'étoient ſes avis qui avoient cauſé l'éloignement du ſieur de Saſſi, & qu'elle s'eſt emportée juſqu'à luy dire qu'il en ſçavoit trop, & que c'étoit luy qui avoit fait aſſaſſiner le ſieur de Saſſi. Que vouloit-elle autre choſe, que l'engager à s'expliquer plus clairement pour ſe défendre luy-même ?

Toutes ces démarches extraordinaires, ne ſont-elles pas les mouvemens d'un coupable, qui agité de ſon crime toujours préſent à ſon eſprit, cherche les moyens d'en étouffer les preuves & d'en éviter la punition ? Telle eſt la nature du crime, de ſe produire luy-même & de trahir le criminel par les meſures mêmes & par les précautions extraordinaires qu'il prend pour le cacher.

Le ſecond fait ſe tire, de la conduite de la Dame de Saſſi à l'égard du ſieur de Saſſi même, depuis ſon départ : aprés ce qu'elle avoit oüi dire au Pere Jerotée, elle ne pouvoit douter du péril que le ſieur de Saſſi couroit en continuant ſon voyage ; mais elle en avoit encore reçû d'autres avis, ſoit du Superieur des Urſulines, ſoit du Gardien des Capucins de Vire en Normandie, où le ſieur de Saſſi avoit paſſé en tirant vers les coſtes de Bretagne. Il paroiſt par ces Lettres, que le ſieur de Veilleroy, Superieur des Urſulines, ayant vû le ſieur de Saſſi, il luy avoit trouvé la ſanté & l'eſprit même alterez, qu'il en avoit écrit à la Dame de Saſſi ; & qu'aprés avoir marqué la ſurpriſe où il eſtoit, de ce qu'on l'avoit laiſſé partir en l'état auquel il ſe trouvoit, il l'excitoit à envoyer quelqu'un pour l'accompagner & pour le ramener ; parce qu'il eſtoit comme impoſſible qu'il ne périt pas en ſuivant ſa route.

La Dame de Saſſi a négligé ces avis, elle n'a point envoyé ſur les pas du ſieur de Saſſi : En un mot, elle n'a fait aucunes démarches pour le tirer du péreil dont il eſtoit menacé.

Elle veut inutilement s'en excuſer dans ſes Griefs, en reprochant au Pere Jerotée, qu'il n'avoit parlé qu'en termes obſcurs & énigmatiques, & qu'il ne s'étoit pas expliqué aſſez clairement.

Mais que pouvoit-il luy dire de plus clair, que de luy déclarer qu'il ſçavoit qu'il y avoit un complot fait pour ſe défaire du ſieur de Saſſi, & que le voyage du ſieur de Saſſi eſtoit un effet de ce complot ? Que pouvoit-il faire de plus, que de l'exciter comme il fit pluſieurs fois, de rappeller le ſieur de Saſſi & de prévenir ſa perte ?

Mais au deffaut des avis du Pere Jerotée, y avoit-il rien d'obſcur dans ce que le ſieur de Veilleroy luy avoit écrit. Que faloit-il de plus fort, pour l'exciter à faire courir aprés le ſieur de Saſſi, que de luy marquer le mauvais état où il avoit vû le ſieur de Saſſi, & le danger preſque inévitable où il étoit preſt de tomber ?

Son ſilence, ſon inaction dans une occaſion de cette importance, peuvent-ils venir d'un autre principe, que d'une volonté déterminée de ne plus revoir le Sieur de Saſſi, de ſe défaire de luy.

Le troisième fait est le commerce de Lettres que la Dame de Saffi a entretenu avec le Grec, depuis le départ du Sieur de Saffi : Ce fait est prouvé par les informations & par l'interrogatoire de la Dame de Saffi. Quel pouvoit être le sujet de ces Lettres, & de quelle autre affaire avoit-elle à entretenir le Grec, que de l'état & du succés du complot, dont il étoit le principal ministre.

La Dame de Saffi qui ne peut nier, que le Sieur de Saffi ne fût le sujet de ces Lettres, y répond qu'elles n'ont esté écrites que pour en avoir des nouvelles. Elle ajoûte, qu'elle n'a fait réponse à la première Lettre qu'elle avoit reçûë du Grec, que parce qu'elle la croyoit écrite par l'ordre du Sieur de Saffi.

Mais, 1°. La Dame de Saffi ne pouvoit ignorer que le Grec n'étoit pas avec le Sieur de Saffi ; elle sçavoit que le Grec avoit toujours esté à Bruxelles, & que le Sieur de Saffi luy avoit donné son congé en le quittant à Senlis : Et les Lettres qu'elle avoit reçûës du Sieur de Saffi & du sieur de Veilleroy, luy avoient appris qu'il avoit passé par Vire en Normandie, & qu'il alloit vers le costé de Bretagne, à prés de cent cinquante lieuës de Bruxelles.

2°. La première Lettre du Grec eut tiré la Dame de Saffi de l'erreur où elle eût pu être à cet égard. S'étant écrit plusieurs Lettres, ils avoient donc à s'informer d'autres choses.

3°. Le soin de vouloir retirer d'entre les mains du Grec, les Lettres qu'elle luy avoit écrites, & son inquietude de sçavoir ce qu'elles étoient devenuës, font connoître qu'elles contenoient des choses dont elle avoit interêt, que d'autres ne fussent pas instruits : Et la déclaration que fait le Grec qu'elles n'étoient pas signées, & qu'il les avoit brûlées, prouve que la garde n'en étoit pas bonne, ny pour luy ny pour la Dame de Saffi.

C'est mal éluder la force de cette reflexion, de dire comme fait la Dame de Saffi, qu'en écrivant au Grec, elle avoit crû écrire indirectement au Sr de Saffi lui même, & qu'il n'étoit pas convenable de laisser entre les mains d'un valet, des Lettres écrites à un mary.

On a vû cy-dessus, que la Dame de Saffi sçavoit bien certainement que le sieur de Saffi n'étoit pas à Bruxelles. C'est donc une supposition qu'elle ait crû écrire au sieur de Saffi.

D'ailleurs, ces Lettres étant écrites directement au Grec, quand ç'auroit esté par raport au sieur de Saffi, il est ridicule de suposer qu'elle luy eût écrit des choses qu'elle n'eust dû écrire qu'au sieur de Saffi luy-même.

4°. La Dame de Saffi, qui paroist avoir gardé toutes les Lettres qu'elle a reçûës, a eu la précaution de ne pas garder celles que le Grec luy a écrites : Car, bien qu'elle ait affecté de dire dans son interrogatoire, qu'on les trouveroit parmy ses papiers, il est certain qu'elles ne s'y font pas trouvées; la garde en étoit trop dangereuse.

On répond à ce fait pour la Dame de Saffi, que ces Lettres avoient esté soustraites par Lagasteau ; & que d'ailleurs la Dame de Saffi les avoit montrées au Pere Jerotée.

Mais ces deux faits sont certainement faux : aussi ne les avoit-elle point alleguez au Chasteler, & c'est une supposition que son conseil a imaginée, pour répondre à un fait qui luy a paru important.

Le quatrième fait, est le retour du Grec à Paris, & les entretiens secrets qu'il a eu avec la Dame de Saffi.

Comme elle ne les peut nier, elle veut persuader que ces entretiens n'ont eu d'autre vûë que de tirer du Grec, ce qu'il sçavoit du lieu où étoit le Sieur de Saffi.

Qu'en effet, elle luy avoit défendu l'entrée de sa maison, dés qu'elle eut vû qu'elle n'en pouvoit rien apprendre.

1°. Comment pouvoit-elle demander à cet homme qui venoit de Bruxelles, des nouvelles du sieur de Sasli, qui l'avoit quitté il y avoit plusieurs mois à Senlis, & qui en etoit eloigné de 150 lieuës?

2°. N'etoit-elle pas instruite par les Lettres qu'elle avoit reçûës du Grec, de ce qu'il pouvoit sçavoir du sieur de Sasli?

3°. Pourquoi tant de misteres, pourquoi tant de conferances secretes, pour demander seulement des nouvelles du sieur de Sasli?

4°. Pourquoi attendre plusieurs jours à congédier le Grec? Si c'estoit une raison pour ne le pas voir, de ce qu'il n'etoit plus au sieur de Sasli, & de ce qu'il n'en pouvoit rien dire, elle devoit le congédier dès le premier jour.

5°. Mais pourquoi lui défendre l'entrée de la maison, & paroistre irritée contre lui, sous prétexte qu'il n'étoit plus au sieur de Sasli, & qu'il n'en apportoit point de nouvelles?

Selon la Dame de Sasli, le Grec n'étoit point party pour accompagner le sieur de Sasli. Il l'avoit quitté à Senlis pour aller servir à Bruxelles, où elle dit qu'elle devoit luy faire tenir des Lettres de recommandation; & le sieur de Sasli avoit marqué par le congé qu'il luy avoit donné, qu'il étoit content de ses services. La Dame de Sasli ne pouvoit donc avoir aucun sujet de chagrin contre le Grec: Aussi paroist-il qu'elle l'avoit fort bien traité les premiers jours, jusqu'à le faire manger avec elle. Cela est prouvé par la déposition de la Saulnier. Après un pareil traitement, qu'est-il survenû qui ait pû luy attirer des défenses de revenir dans la maison?

Il est n'est pas difficile de penetrer le mistere de cette conduite.

Il paroist par les informations, que les domestiques du sieur de Sasli murmuroient contre le Grec, comme le croyant la cause de la perte de leur maistre: Cela fit comprendre à la Dame de Sasli, qu'il étoit important que le Grec ne parut plus, de peur qu'il ne fust arrêté, & qu'il ne parlast trop. Elle le luy fit comprendre à luy-même. Pour luy fournir donc un pretexte de ne plus paroistre chez elle, elle feignit de le quereler, & elle luy interdisit tout haut l'entrée de sa maison, afin que les domestiques ne fussent pas surpris de ne le plus revoir.

6°. En effet, si la Dame de Sasli avoit esté veritablement inquiette du sort du sieur de Sasli, & qu'elle eust soupçonné le Grec d'en sçavoir quelques choses, il n'y avoit point à balancer, il faloit le faire arrêter. Mais s'il y avoit des raisons apparantes pour le faire, elle en avoit de veritables pour ne le faire pas.

Mais, dit-elle, que Monsieur de Villiers ne faisoit-il luy-même arrêter le Grec, puisqu'il étoit si instruit du complot, & qu'il étoit si persuadé que cet homme en avoit esté l'executeur.

La réponse est, que Monsieur de Villiers ne sçavoit rien du complot au temps que le Grec est revenu de Bruxelles; il ignoroit même l'absence du sieur de Sasli; il n'en a été instruit que plus d'un mois après.

La connoissance qu'en avoit le Pere Jerotée, n'étoit point encore venuë jusqu'à luy, parce qu'ils ne se connoissoient point, & que ce Pere ignoroit que Monsieur de Villiers fut beaufrere du sieur de Sasli.

D'ailleurs, quand Monsieur de Villiers eut sçû le complot, ce qui n'est pas, il pouvoit ignorer le retour du Grec, comme il l'ignoroit en effet; & il pouvoit d'autant moins en être averty, que le Pere Jerotée ne l'apprit qu'après que ce Grec eut disparu.

Cette retraite du Grec, sans qu'on ait pû découvrir ce qu'il étoit devenu, est un cinquième fait qui n'est pas indifferent.

Il est difficile d'imputer au hasard, une fuite si précipitée. Comment se persuader que cet homme soit revenu à Paris, pour en sortir aussi-tost sans quelque raison particuliere, & cette raison ne peut-être qu'un effet de ses en-

tretiens

tretiens avec la Dame de Saſſi. On apprehendoit, comme on l'a déja obſervé, qu'il ne fuſt arreſté, & qu'on n'en tiraſt de fâcheux éclairciſſemens.

Un ſixiéme fait, eſt le Préſent fait par la Dame de Saſſi au ſieur de Ponſenat, d'une Chapelle d'argent, quelque temps aprés le départ du ſieur de
Saſſi. Ce fait qu'elle a oſé nier, quoiqu'il ſoit prouvé, fait aſſez connoiſtre
que ce Préſent avoit une cauſe qu'elle n'oſoit avoüer : ſçavoir la récompenſe
des ſervices que le ſieur de Ponſenat luy avoit rendus pour la réuſſite du
complot.

Le dernier fait, eſt la précaution que la Dame de Saſſi a euë de conſul-
ter ſi on ne pouvoit point luy faire une affaire au ſujet de l'abſence de ſon
mary, & ce qu'elle auroit à dire ſi on luy en demandoit compte. Ce fait
eſt prouvé par ſon interrogatoire.

L'innocence n'a point ces ſortes d'inquietudes. Lorſqu'une femme ignore
le ſort de ſon mary abſent, & qu'elle en eſt en peine, tous ſes ſoins s'appli-
quent à en avoir des nouvelles & à le retrouver. Mais il ne luy vient point
dans l'eſprit qu'on ait à luy faire un crime de ſon abſence quand elle n'a
rien à ſe reprocher.

Voyons préſentement ce que la Dame de Saſſi oppoſe pour ſa juſtifi-
cation.

Pour détruire les preuves qui ſe tirent des informations, elle propoſe des
reproches contre les témoins, & elle s'efforce de trouver des abſurditez &
des contradictions dans leurs dépoſitions.

Il n'y a de reproches particuliers que contre trois témoins ; la nommée
Gaſteau, Paillet ſon mary & le Pere Jerotée.

Les reproches contre la Gaſteau ſont, que c'eſt une ſervante infidelle qui
a volé ſa Maiſtreſſe ; qu'elle a vécu dans la débauche, ayant eu un enfant
avant ſon mariage : Et enfin qu'elle doit être regardée comme coupable
d'avoir défait ſon enfant, ſous prétexe qu'elle n'en rapporte point le Baptiſtaire, & qu'elle a déclaré l'avoir mis aux Enfans Trouvez.

Le premier reproche eſt un fait avancé en l'air : Il n'y en a ni preuve ni
préſomption, & ainſi il ſuffit de le nier pour le détruire.

C'eſt inutilement que la Dame de Saſſi produit une plainte qu'elle a renduë contre la Gaſteau, comme l'accuſant de l'avoir volée : Car deux ou
trois circonſtances prouvent que cette plainte eſt abſolument calomnieuſe.

La premiere eſt, qu'elle n'a eſté renduë que longtemps depuis l'inſtruc-
tion du Procés fait à la Dame de Saſſi ; & par conſequent dans la ſeule vûe
d'avoir un reproche à propoſer contre la Gaſteau.

La ſeconde, qu'à la confrontation la Dame de Saſſi n'a point propoſé le
fait de ce prétendu vol ; c'eſtoit néanmoins le lieu d'en parler : Enſorte que
l'Ordonnance n'admet point les reproches qui ſe propoſent depuis.

La troiſiéme eſt, qu'une ſimple plainte qui n'eſt ſuivie d'aucune procé-
dure, ne fait aucun degré de preuve, chacun ayant la liberté d'expoſer
dans une plainte ce que bon luy-ſemble.

En propoſant le ſecond reproche, on n'a pas fait attention qu'on écrivoit pour la Dame de Saſſi, qui de ſon propre aveu a vécu pendant pluſieurs
années, dans une débauche publique avec le ſieur de Saſſi. Heureuſe, ſi elle
n'avoit que celle-là à ſe reprocher.

La faute où la Gaſteau a pû tomber par le mauvais exemple de ſa Maîtreſſe, peut d'autant moins luy être reprochée, qu'elle a eſté couverte par
le mariage & par une conduite ſage & reglée qu'elle a toujours euë depuis.

Il n'y a point de Loix qui rendent incapables de rendre témoignage les
femmes à qui on ne peut reprocher qu'une ſemblable foibleſſe. L'infamie
n'eſt attachée qu'à l'adultere & à la proſtitution publique. Crimes dont on
n'accuſe point la Gaſteau.

G

Le troisiéme reproche n'est qu'une pure vision. La déclaration faite par la Gasteau d'avoir mis son enfant aux Enfans Trouvez, parce qu'elle n'avoit pas le moyen de le nourir, est une preuve de sa naïveté. Elle pouvoit ne rendre aucun compte de ce fait à la Dame de Sassi, qui n'avoit pas droit de le luy demander.

L'Ordonnance d'Henry Second, que cite la Dame de Sassi, ne regarde que les femmes dont les enfans se trouvent morts sans témoins : La Gasteau n'est point dans ce cas. Il n'y a ni preuve ni plainte que son enfant soit mort.

Les reproches contre Paillet sont, que c'est un homme perdu de vices & de débauches. Mais un fait aussi vague & dont on ne prouve rien, ne peut passer que pour un fait calomnieux. Car de ce qu'il a eu habitude avec la Gasteau qu'il a depuis épousée, cela ne donne pas droit de le traiter d'homme perdu de vices & de débauches. En effet, que ne diroit point la Dame de Sassi, si parce qu'elle a vécu dans un mauvais commerce avec le Sieur de Sassi avant que de l'épouser, on la traitoit de femme perdue de vices & de débauches.

Les reproches contre le Pere Jerotée sont, qu'il est ami de deux oncles, que Monsieur de Villiers a dans l'Ordre des Carmes ; que c'est lui qui a assisté à la mort la mere de Monsieur de Villiers, & que toute sa conduite dans cette affaire, le rend suspect.

Il n'a point dû, dit-on, ajoûter foy si légerement aux discours de Paillet : il y a eu trop de précipitation dans le jugement désavantageux qu'il a fait de la Dame de Sassi. S'il avoit consulté la Religion, elle lui auroit dit qu'on ne peut être trop lent à croire le mal, qu'on doit moins craindre de soulager un coupable, que de surcharger un innocent ; que si une action peut avoir cent visages, il la faut regarder par celuy qui est le plus beau. On ajoûte, qu'avant que d'agir comme ce Pere a fait, il devoit consulter son Superieur & prendre du temps pour éclaircir la verité. Qu'enfin, il devoit plûtost renvoyer Paillet aux Magistrats, qui veillent si attentivement à la vangeance des crimes, que de s'embarasser dans une telle affaire.

C'est déja un grand avantage pour ce Pere, de ce qu'on ne dit rien qui blesse sa reputation. Quelque recherche qu'on ait pû faire de sa vie, on n'y a rien trouvé d'irreprochable & qui ne soit digne de la Profession qu'il a embrassée.

De ce qu'il est ami de deux oncles de Monsieur de Villiers, ce n'est point un reproche qui puisse rendre sa déposition suspecte. Les Loix ne rejettent point le témoignage qu'un homme rend pour un autre avec qui il n'est lié que d'une simple amitié ; elles rejettent donc encore moins celuy qui le rend pour le parent d'un ami.

Il est vrai que le Pere Jerotée se trouva chez la Dame de Villiers mere, au temps de sa mort ; mais ce ne fut point pour la confesser ni pour l'exhorter : il n'étoit pas son Confesseur ; il n'y fut que pour accompagner un des freres de la Dame de Villiers.

D'ailleurs, supposé qu'il l'eust exhortée à la mort ; un office de cette nature auroit-il esté une disposition à devenir fourbe & calomniateur. Les pensées dont on est rempli dans une pareille occasion n'inspirent-elles pas au contraire, même aux moins devots, des sentimens de pieté, l'amour pour la verité & un entier éloignement de tout ce qui peut blesser la charité.

On convient avec la Dame de Sassi, des maximes generales qu'elle établie sur la reserve qu'il faut avoir, lorsqu'on apprend du mal de quelqu'un & de ces régles de la charité sur lesquelles elle fait un si beau sermon. Mais il faut aussi convenir qu'elle en fait une bien mauvaise application, c'est-à dire qu'elle s'en fert bien mal-à-propos pour blafmer la conduite du Pere Jerotée dans l'affaire dont il s'agit ; car pour peu qu'on examine fes démarches on trouvera qu'il eftoit impoffible d'en agir avec plus de difcretion, de charité & de ménagemens, mefme pour la Dame de Saffi.

Il eft certain que le Pere Jerotée a efté averty d'un Complot fait contre la perfonne du fieur de Saffi, & qu'on luy en a rapporté des circonftances qui pouvoient au moins le rendre vraifemblable, la qualité de celuy qui luy a donné cet avis n'a point deû le luy faire méprifer ; au contraire cet homme ne luy paroiffant pas d'un genie propre à imaginer une pareille intrigue, ny d'une condition à avoir des interefts capables de le porter à vouloir perdre la Dame de Saffi, il a deû prefumer que la verité feule le faifoit parler.

Cependant il n'a point, comme on le fuppofe, prononcé fur le feul rapport de Paillet, que la Dame de Saffi eftoit coupable ; mais ne luy eftant pas permis de negliger un avis auffi important que celuy qu'il avoit receu, il a cherché à en découvrir la verité, & à détourner cependant le coup dont le fieur de Saffi paroiffoit menacé.

Le temps ne luy permettoit pas de prendre de longues mefures pour cela.

Le fieur de Saffi devoit partir le lendemain, & les éclairciffemens qu'il auroit pû avoir aprés fon départ auroient efté inutiles.

Il prend donc le party de s'adreffer au fieur de Saffi luy-mefme, mais d'une maniere à ne commettre perfonne, & on défie d'imaginer un moyen d'agir avec plus de difcretion qu'il a fait.

Il fe contente d'abord de dire au fieur de Saffi qu'ayant appris qu'il alloit faire un voyage, il venoit luy en faire fes complimens. La raifon qui le fit parler ainfi, fut que fi ce voyage euft efté une fiction, il auroit eu grand fujet de croire que le complot dont Paillet luy avoit parlé n'eftoit qu'une fuppofition, & il n'auroit rien dit de plus. En effet le fieur de Saffi luy ayant d'abord fait miftere de fon voyage, & luy ayant declaré qu'il n'en avoit point à faire, le Pere fe retiroit fans luy dire autre chofe ; que s'il euft deu en faire un, il auroit eu un avis important à luy donner.

Ces dernieres paroles ayant engagé le fieur de Saffi à convenir de fon voyage, & à expliquer mefme les raifons qui le portoient à l'entreprendre ; il ne fut gueres permis au Pere Jerotée de revoquer en doute la fincerité du rapport que Paillet luy en avoit fait.

Cependant cela ne peut encore le déterminer à accufer la Dame de Saffi, ny à dire rien qui puft la faire foupçonner. Il fe contenta de détromper, autant qu'il le put, le fieur de Saffi fur les frayeurs qu'on luy avoit données des prétendus Ordres de la Cour, & de luy en dire affez pour rompre fon voyage, & pour le tirer du péril où il paroiffoit preft de tomber.

Qu'y a-t-il dans cette conduite qu'on puiffe attribuer à un zele inconfideré, & indifcret ? En quoy peut-on dire que le Pere Jerotée ait bleffe la charité ? Qu'y a-t-il dont la Dame de Saffi ait droit de fe plaindre ? Et comment euft-on pû conferver pour elle plus d'égards & de ménagemens.

Elle auroit fans doute beaucoup plus fujet de fe plaindre, fi le Pere Jerotée fe fuft conduit, comme on dit, dans fes griefs, qu'il le devoit faire ; car cette conduite l'auroit obligé de parler à plufieurs perfonnes, de declarer les circonftances qui luy avoient efté expliquées ; en un mot, de nommer la Dame de Saffi.

Allons plus loin. Le fieur de Saffi eftant party, malgré la parole qu'il avoit donnée de ne point partir, le Pere Jerotée en a-t-il parlé à qui que ce foit : content d'avoir fait ce qu'il avoit cru eftre de fon devoir, il fe dif-

poſoit à garder le ſilence , & à ſe contenter de faire des vœux pour détourner de deſſus le ſieur de Saſſi le danger qui luy paroiſſoit imminent. Il
en ſeroit demeuré là ſi la Dame de Saſſi n'euſt eſté elle-meſme l'inquieter,
par le grand nombre de viſites qu'elle luy fit pour le faire parler ſur l'avis
qu'il avoit donné au ſieur de Saſſi. C'eſt donc elle qui l'a forcé de parler;
c'eſt-donc elle qui luy a fait prendre toute la part qu'il a euë dans cette
affaire.

Il faut donc effacer toutes ces exaggerations outrées ſur ſon eſprit intri-
gant, ſur le deſir de ſe produire dans une affaire d'éclat, ſur ſon indiſcre-
tion & ſur ſes jugemens précipitez.

Ne ſe voyant au contraire dans ſon procedé que ſageſſe, que diſcretion,
que charité, ſa dépoſition ne peut eſtre regardée que comme un effet de ſa
ſincerité, & de ſon obeïſſance aux Ordres de la Juſtice qui ne luy permet-
toient pas de ne pas rendre témoignage à la verité.

Sa qualité de Religieux ne devoit point, comme on le ſuppoſe, luy im-
poſer ſilence, l'Ordonnance aſſujettit expreſſément les Religieux comme
les autres à dépoſer quand ils ſont aſſignez.

La Dame de Saſſi finit ſes réponſes contre le Pere Jerotée par un fait
qu'elle ſuppoſe hardiment pour inſinuer que ce Pere s'intereſſe perſonnel-
lement dans le ſuccés de cette affaire. Elle dit que ce Pere eſtoit preſent
chez le Commiſſaire lorſque les autres témoins ont dépoſé. Mais cela eſt
faux, ſauf correction, le Pere Jerotée n'a eſté chez le Commiſſaire qu'au
temps de ſa dépoſition.

Contre les autres témoins on dit pour tout reproche qu'ils eſtoient déte-
nus en chartre privée quand ils ont dépoſé.

La réponſe eſt que ces témoins n'étoient point en priſon ny même déte-
nus à la requeſte de Monſieur de Villiers ; car il n'eſt point vray qu'il ait
payé les frais de leur détention comme le ſuppoſe la Dame de Saſſi.

D'ailleurs aucun d'eux n'a déclaré qu'on luy ait rien inſpiré de ce qu'il
devoit dire, ils ont dépoſé librement & d'eux-mêmes, & ils ont tous perſi-
ſiſté à la confrontation.

Les abſurditez & les contradictions, que la Dame de Saſſi prétend ſe
trouver dans les dépoſitions de la Gaſteau, de Paillet & du Pere Jerotée,
ſont de pures viſions.

Contre la dépoſition de la Gaſteau, la Dame de Saſſi dit premierement
que ce témoin a varié ſur deux faits.

Le premier eſt qu'ayant dit que c'étoit l'aprés midy qu'elle avoit entendu
la converſation de la Dame de Saſſi & de la Damoiſelle Chambonneau,
elle a dit à la confrontation qu'elle ne ſe ſouvenoit pas bien ſi c'étoit l'aprés
midy ou le matin.

L'autre fait eſt que réfléchiſſant à la confrontation ſur ce qu'elle avoit
dit de la réſolution priſe dans cette converſation de ſe défaire du ſieur de
Saſſi, elle a dit qu'elle ne ſçavoit pas bien ſi le deſſein eſtoit de ſe défaire
du ſieur de Saſſi par des voyes violentes ou ſeulement pour l'éloigner.

Tant s'en faut que ces declarations de la Gaſteau à la confrontation puiſſent affoiblir ſa dépoſition ny la rendre ſuſpecte, que rien n'en aſſeure
mieux la ſincerité.

Lors que la Gaſteau a declaré ne pouvoir bien ſe ſouvenir ſi c'étoit l'a-
prés midy ou le matin qu'elle avoit entendu la converſation de ſa Maiſtreſſe
& de la Chambonneau, elle a marqué ſeulement une crainte de n'avoir pas
parlé juſte, quoyque ſur une circonſtance fort indifferente, & il ne doit
point paroiſtre étrange que s'agiſſant d'un fait arrivé il y avoit plus de ſix
mois, elle ne s'eſt pas ſouvenuë préciſément du jour ny de l'heure qu'il
eſtoit arrivé. Il n'y a perſonne qui n'éprouve en ſoy-même combien il eſt
Facile

facile de s'y tromper, même aprés un moindre espace de temps.

De même quand la Gasteau a dit ne sçavoir pas si le dessein de la Dame de Sassi estoit de se deffaire du sieur de Sassi par des voyes violentes, ou seulement de l'éloigner, cela n'a pû venir que d'une delicatesse de conscience qui luy a fait apprehender qu'on ne fist pas assez d'attention à la maniere dont elle s'étoit expliquée.

On dit en second lieu, que ce qui resulte de la deposition de la Gasteau est une idée ou un projet demeuré sans execution, parce que cette déposition ne prouve point qu'il y ait eu aucune convention faite avec le Grec pour l'execution du complot, ny qu'il y ait eu aucunes mesures prises avec luy pour cela.

Sa réponse est que la deposition de la Gasteau jointe avec les depositions des autres Témoins & avec plusieurs faits qui sont certains, prouvent autant clairement qu'il se peut, non-seulement la verité, mais encore l'execution du complot, & les mesures prises avec le Grec pour cette execution.

La Gasteau parle de la resolution qui avoit esté prise de se servir du Grec pour la réüssite du complot.

Plusieurs Témoins deposent que dans le même temps la Dame de Sassi fut chercher le Grec où il demeuroit, qu'elle l'envoya querir plusieurs fois, qu'elle eut des entretiens particuliers avec luy; la Dame de Sassi ne l'a point nié, & elle n'a pû declarer le sujet de ces entretiens.

Il est encore prouvé que la Dame de Sassi avoit acheté un habit, & tout ce qui estoit necessaire pour son depart.

Il y a enfin le depart du Grec avec le sieur de Sassi caché aux autres Domestiques; le commerce de Lettres que la Dame de Sassi a depuis entretenu avec luy, leurs entretiens secrets lors qu'il est revenu à Paris, & enfin la retraite précipitée du Grec ensuite de ces entretiens.

Et si, comme on ne peut en douter, le départ du sieur de Sassi a esté une suite, une execution du complot, tous ces faits prouvent, avec la derniere évidence, la part que ce Grec y a euë, & par consequent sa convention faite entre la Dame de Sassi & luy.

On observe en troisiéme lieu, que la Gasteau represente la Dame de Sassi, comme une femme ennuyée de son mary, sans marquer neanmoins la cause de cet ennuy.

Cette observation est des plus frivoles.

Lors qu'un Témoin rapporte un fait, un évenement, on n'exige pas qu'il en rende la raison, parce qu'elle luy est souvent inconnuë. On voit tous les jours des Gens en colere ou chagrins, sans qu'on en sçache le sujet. La Gasteau a donc bien pû parler du chagrin que la Dame de Sassi témoignoit à la Chambonneau de ce que son mary ne vouloit plus voyager, sans sçavoir la raison de ce chagrin.

D'ailleurs, cette raison n'est pas difficile à deviner. La presence continuelle d'un mary retiré, tel que les Témoins representent le sieur de Sassi, ne pouvoit estre que fort ennuyeuse & trés à charge à une femme du caractere de la Dame de Sassi, c'est-à-dire à une femme nourrie dans le monde & dans les plaisirs.

En vain on represente le Sieur & la Dame de Sassi, comme vivant dans une parfaite union & comme ayant une complaisance mutuelle. La complaisance de la Dame de Sassi n'avoit pas esté mise à une grande épreuve, & elle luy avoit certainement peu cousté. L'absence presque continuelle du sieur de Sassi l'avoit laissée dans une entiere liberté de se satisfaire, & elle n'avoit gueres eu à luy témoigner de la complaisance & de la tendresse, que par

H

des Lettres, chofe peu gefnante & facile, mefme pour celles qui en fentent le moins.

On fait une quatriéme Obfervation, qui eft, que la Gafteau ayant declaré n'avoir entendu qu'imparfaitement la converfation de la Dame de Saffi & de la Chambonneau, elle en rapporte neanmoins un difcours fuivy & fans interruption.

La réponfe eft, qu'il eft tres-ordinaire, que pendant un entretien qu'on a commencé à voix baffe, la voix s'éleve fans y penfer, & cela arrive prefque toûjours dans endroits où il entre de la chaleur & de la vivacité, tel qu'eft l'endroit de la converfation raporté par la Gafteau.

C'eft une illufion de dire que la Gafteau eftoit trop proche de la Dame de Saffi pour n'en eftre pas apperçuë.

Comme la Gafteau eftoit fous le rideau du lit qu'elle baffinoit, elle ne frapoit pas les yeux de la Dame de Saffi ; & d'ailleurs dans une converfation telle qu'étoit lors celle de la Dame de Saffi & de la Chambonneau, on eft tellement occupé de ce qu'on dit qu'on ne s'apperçoit pas du changement de fa voix, & qu'on fait mefme peu d'attention à ceux dont l'on peut eftre entendu : il n'y a perfonne qui ne l'ait éprouvé plufieurs fois, & les Hiftoires ne fourniffent que trop d'exemples de projets & d'entreprifes découvertes par ce moyen. Une des plus grandes confpirations qui ayent efté formées dans Rome a efté découverte par un Emouleur auprés duquel les Confpirateurs s'entretenoient de leur deffein fans penfer à cet homme qui les écoutoit.

Enfin la Dame de Saffi voyant qu'il eft comme impoffible de nier abfolument fa converfation avec la Chambonneau, elle veut perfuader que la Gafteau l'a mal entendu. Elle fe fouvient, dit-elle, qu'ayant un procés contre un nommé Senega qui luy faifoit mille chicanes, la Chambonneau luy avoit demandé ce qu'elle donneroit bien pour l'accommoder, & qu'ayant répondu qu'elle donneroit bien 200. Loüis, la Chambonneau avoit dit qu'elle en faifoit fon affaire.

Mais ce fait que la Dame de Saffi n'a imaginé que depuis fon interrogatoire, & qu'elle avoit fuggeré à la Saunier qui en parle dans la confrontation, ne peut rien alterer de la depofition de la Gafteau, parce qu'il y a des faits précis dans cette dépofition qui montrent qu'on ne peut y appliquer celuy dont parle la Saunier.

Ces faits de la dépofition font, que le fujet de la converfation de la Dame de Saffi & de la Chambonneau eftoit le fieur de Saffi, la refolution qu'il avoit prife de ne plus voyager, le chagrin & l'embarras que caufoit fa prefence, & enfin les moyens de s'en delivrer par le miniftere du Grec ; tout cela ne peut s'appliquer à l'affaire que la Dame de Saffi avoit avec Senega.

D'ailleurs ce qu'on a fait dire à la Saunier de cette affaire eft une fuppofition manifefte ; car elle en parle comme d'une affaire accommodée; ayant efté donné, dit-elle, 200. piftoles à Vaultier Procureur pour cela. Et cependant il paroift par l'Interrogatoire de la Dame de Saffi que peu de temps avant l'accufation intentée contre elle, cette affaire fubfiftoit toûjours, en ce qu'elle declare avoir efté la confulter à un Avocat.

Les longues Obfervations de la Dame de Saffi fur les depofitions de Paillet & du Pere Jerotée fe reduifent à dire qu'ils n'ont pas depofé en Témoins, ayant accompagné leurs dépofitions de reflexions & de raifonnemens fur les intentions de la Dame de Saffi, comme s'il leur avoit efté permis de les deviner.

1°. Ce qu'on appelle fimples raifonnemens dans les Témoins font de veritables faits. Lors qu'ils parlent de l'inquietude, de l'embarras, du châgrin, ou de la colere que la Dame de Saffi avoit marqué en differentes occasions, bien que ces choses soient des mouvemens interieurs de la vie, ils ne laissent pas de se produire audehors par des marques sensibles, le son de la voix, un air effrayé, ou embarrassé, certains gestes; en un mot, plusieurs choses qu'on sçait mieux qu'on ne les exprime, ne font que trop connoistre la disposition où est la personne qui parle ou qui agit; quand donc un Témoin depose de ces signes exterieurs qui luy ont parlé, ce sont de veritables faits dont il dépose.

2°. On ne peut encore trouver à redire toutes les reflexions que font les Témoins, ny en induire qu'il y ait rien de suspect dans leurs dépositions; car quand ces reflexions viennent naturellement du fait dont ils parlent, il est comme impossible qu'ils ne les fassent point, & l'on peut dire qu'il y auroit de l'affectation dans le recit de certains faits, s'ils le faisoient d'une maniere trop simple & trop seche.

On fait un grand crime au Pere Jerotée de ce que la Dame de Saffi luy ayant representé les Lettres que le sieur de Saffi luy avoit écrites de Roüen, il avoit douté de la verité de ces Lettres.

Cependant le doute de ce Pere estoit tres-raisonnable; comme il ne connoissoit point l'écriture du Sr de Saffi; il ne pouvoit juger de la verité de ces Lettres par le caractere; ce qui a dû luy donner lieu de croire qu'elles n'étoient pas veritables, c'est qu'ayant écrit au Sr de Saffi en réponse de deux Lettres qu'il en avoit receuës dans le mesme temps, sa réponse ne fut pas tenuë, quoy qu'adressée au lieu marqué par les Lettres qu'il avoit receuës. Il y a plus, s'étant fait informer du sieur de Saffi dans le mesme lieu, il se trouva qu'on n'y avoit point veû le sieur de Saffi, comment dans ces circonstances ne pas douter de la verité des Lettres que montre la Dame de Saffi?

On se plaint encore beaucoup de ce que dans les visites que la Dame de Saffi a renduës au Pere Jerotée, ce Pere ne s'est pas expliqué plus clairement; c'étoit, dit-on, le moment heureux de la faire rentrer en elle-mesme, c'étoit le moyen le plus seur pour detourner l'orage dont il disoit que le sieur de Saffi estoit menacé. Le sieur de Saffi n'étoit pas loin, on auroit envoyé aprés luy. Il n'avoit donc point en vûë le retour ny la conservation du sieur de Saffi. Qu'en effet, s'il avoit receu l'avis qu'il a donné au sieur de Saffi, il n'auroit pas deû repondre, comme il a fait, à un Religieux de son Ordre, qui luy en parla de la part de la Dame de Saffi, que c'étoit une petite affaire qui ne devoit point inquietter la Dame de Saffi; & à cette occasion on se récrie: Quelle affreuse discretion!

Mais, qu'il y a de faux dans ces raisonnemens!

1°. Il paroist par la deposition du Pere Jerotée, & par sa confrontation à la Dame de Saffi, qu'il luy en avoit assez dit pour l'obliger à rentrer en elle-même, si elle avoit été capable de repentir. Ne lui avoit-il pas parlé assez clairement, en luy disant que deux femmes avoient formé le complot, & que le Grec en devoit estre le Ministre. En effet, elle l'avoit si bien compris, qu'elle ne pût s'empescher de luy dire, que par les deux femmes il avoit entendu parler d'elle & de la Chambonneau.

2°. Au temps que la Dame de Saffi parla au Pere Jerotée pour la premiere fois, le sieur de Saffi, qui estoit party, à cheval, devoit estre trop loin pour esperer de le joindre. D'ailleurs, le Pere Jerotée ne pouvoit sçavoir qu'elle route il avoit prise, & ainsi il estoit impossible d'envoyer aprés luy; mais il fit tout ce qui pouvoit dependre de luy, qui fut d'exciter la Dame de Saffi à faire revenir le sieur de Saffi, comme plus instruite que luy du lieu où il pouvoit estre. En effet, il paroist par des Lettres qui sont au procés que la Dame de Saffi avoit receuës, que le sieur de Saffi avoit paſſé à Vire en Normandie, qu'il eſtoit en mauvais équipage, qu'il avoit la ſanté & l'eſprit même alteré , qu'en ſuivant le deſſein qu'il paroiſſoit avoir , ſa perte paroiſſoit inévitable, & ainſi il y avoit une neceſſité d'envoyèr quelqu'un aprés lui pour le ramener.

3°. Lorſque le Pere Jerotée a répondu comme il a fait au Pere Blondel ſon Confrere, ſans vouloir s'expliquer davantage, c'eſt conſtamment un effet de ſa diſcretion, qui ne pouvoit lors avoir rien de blâmable. Il ne ſçavoit point encore le départ du ſieur de Saſſi, il croyoit même ſon voyage rompu , ſuivant la parole que le ſieur de Saſſi lui avoit donnée. Son avis ayant donc eu , à ce qu'il penſoit, tout l'effet qu'il en avoit attendu, qui eſtoit de tirer le ſieur de Saſſi du peril dont il eſtoit menacé, la charité ne vouloit plus qu'il apprît à d'autres ce qu'il auroit voulu oublier luy-même.

Que deviennent donc ces vaines exclamations contre la conduite de ce Pere ? & de quel front oſe-t on demander s'il attendoit l'execution du complot pour le découvrir, qu'il falloit bien que cela fuſt, puiſqu'on ne lui voit prendre aucunes meſures pour l'empeſcher ? Doit-il eſtre permis de tourner & diſſimuler ainſi les faits, pour accuſer de calomnie & d'impoſture un Religieux, dont la vie a toujours eſté irreprochable , & pour luy imputer un deſſein, dont la penſée ne peut tomber que dans l'eſprit d'un homme accoutumé au crime ?

La paſſion aveugle bien la Dame de Saſſi , lorſqu'elle fait écrire dans ſes Griefs, que s'il lui eſtoit permis d'interpeller le témoignage du Magiſtrat qui a procedé à la confrontation, il en rendroit un qui ſurprendroit le public , des agitations, des embaras, des fureurs & des extravagances du Carme , qui voyant qu'on découvroit ſes impoſtures, lui laiſſerent à peine la force de ſigner.

C'eſt dommage que celui qui a fait au Chaſtelet cet éloquent Factum, *ſi digne d'eſtre porté & d'eſtre lû par tout le monde*, n'ait pas eſté inſtruit d'un pareil fait, ou pluſtoſt qu'il ne l'ait pas imaginé, ce n'euſt pas eſté un des moindres évenemens d'une ſi excellente piece. Mais c'eſtoit un trait d'invention reſervé pour un plus grand jour. On ſe contente de l'admirer , ſans le vouloir gaſter par aucunes reflexions.

Il en eſt de même de cet autre fait, qu'avant que la Dame de Saſſi fuſt arreſtée, on envoyoit des Breteurs chez elle, ſans doute pour l'intimider.

C'eſt encroe une nouvelle ſcene de la même invention , il la faut joindre avec la précedente.

Ce ſeroit s'abuſer de la patience de la Cour, que de s'arreſter à toutes ces contradictions, qu'on prétend trouver entre les dépoſitions de Paillet, de la Gaſteau,& du Pere Jerotée. Toutes contradictions imaiginaires ne conſiſtent , qu'en ce que ces dépoſitions ſont conçuës en termes differens, ou en ce qu'il y a dans les unes des circonſtances qui ne ſont pas dans les autres. Tant s'en faut que cela les doivent rendre ſuſpectes,que c'eſt ce qui en prouve la ſincerité, comme n'ayant point eſté concertées entre ceux qui les ont faites. Il ſuffit que les faits qui y ſont declarez n'ayent rien de contraire, pour en conclure qu'ils n'enferment point de contradiction.

La Dame de Saſſi ſe contente de dire contre les dépoſitions des autres témoins, qu'elles ne méritent pas qu'on en faſſe la diſcuſſion, parcequ'elles ne contiennent, dit-elle, que des faits ou des oui dire.

On voit neanmoins en les liſant , qu'elles renferment toutes des faits bien précis par raport au complot.

C'eſt pour cela que la Dame de Saſſi voudroit faire rejetter leur témoinage par un grand lieu commun, ſur l'inconvenient qu'il y a d'admettre les Domeſtiques pour témoins contre leurs Maiſtres. Chaque pere de famille fe verra, dit-elle, dans l'interieur de fa maifon obligé de regarder tous ceux qui l'environnent, comme autant d'ennemis & de déla-teurs &c.

Il ne manque à ces beaux raifonnemens, qu'une loy qui défende d'ad-mettre les Domeftiques à dépofer contre leurs Maiftres. On a regardé jufqu'à prefent comme fufpeétes les dépofitions que font les Domeftiques en faveur de leurs Maiftres, comme pouvant eftre un effet de leur obéïf-fance, ou de leur zéle pour fon fervice. Mais felon la Dame de Saffi, il faut effacer cette idée & en fubftituer une contraire ; ce fera quand des Do-meftiques dépoferont contre leurs Maiftres, qu'on ne devra plus les croire.

Moyen admirable, pour procurer l'impunité des crimes qui peuvent fe commettre dans l'interieur des maifons, dont il n'y a fouvent que les Do-meftiques qui puiffent avoir connoiffance.

Mais fuivant ces nouvelles maximes, ne fouffriroit-elle point d'exce-ption, lorfqu'il s'agit d'un crime commis par un Maiftre contre l'autre, d'un complot fait par une femme contre fon mary? Comme les Domefti-ques doivent à l'un auffi-bien qu'à l'autre, pourroient-ils diffimuler l'injure faite à celui qui eft innocent, pour fauver celui qui eft coupable?

Un des faits dépofez par quelques-uns de ces Domeftiques fur lequel la Dame de Saffi fe récrie comme eftant des plus calomnieux, eft le prefent d'une Chapelle d'argent envoyée au fieur de Ponfenat peu aprés le départ du fieur de Saffi ; ce que M. de Villiers a dit eftre une récompenfe des fervices rendus par le fieur de Ponfenat dans la fuite de toute cette intrigue.

On pardonneroit à la Dame de Saffi, de dire qu'on ne doit tirer aucune mauvaife confequence des prefens qu'elle peut avoir fait à un de fes parens, ainfi tous les prefens ne font pas des récompenfes de fervices rendus pour de mauvaifes actions. Mais d'ofer nier le fait, c'eft à dire, l'envoi de la Cha-pelle au fieur de Ponfenat, d'en parler comme d'un fait inventé, & de fu-pofer que celui des témoins qui en a parlé, a dit au recolement que c'étoit une furprife, c'eft ce qui n'eft pas excufable.

Le témoin qui a parlé de l'envoi de la Chapelle d'argent au fieur de Ponfenat, a perfifté au recolement & à la confrontation, il a feulement dit au recolement qu'il ne favoit pas précifement fi la Chapelle avoit efté donnée comme prefent.

Le fieur de Ponfenat eft auffi convenu lui-même que la Chapelle d'argent lui a efté envoyée, il nie feulement que ce foit un prefent, il dit qu'elle eftoit deftinée pour Chemilli, terre qui apartient à la Dame de Saffi où il devoit l'envoyer, comme fi la Dame de Saffi avoit eu befoin du miniftere du fieur Ponfenat pour envoyer quelque chofe chez elle. Deux circonftan-ces prouvent que c'eftoit un prefent.

L'une, que la Dame de Saffi n'a point prétendu lors de la confrontation avec le témoin qui en a parlé, que cette Chapelle eut efté achetée pour eftre envoyée à Chemilli ; comme elle n'avoit point encore imaginé de pré-texte plaufible de l'envoi au fieur de Ponfenat, elle s'eft portée à nier le fait.

L'autre circonftance, eft le tems que l'envoi a efté fait, celui du com-plot contre le fieur de Saffi, & de fon départ, auquel on ne peut nier que le fieur de Ponfenat n'ait beaucoup contribué, comme on l'a montré ci-deffus.

Aprés une longue difcuffion de ce que contiennent les informations, la Dame de Saffi employe encore quelques reflexions pour affoiblir les preuves qui en refultent.

Elle dit premierement qu'il n'y avoit qu'à perdre pour elle, en perdant le fieur de Saffi fon mary, parce que par la confiance qu'il avoit en elle, elle avoit la jouiffance de tout le bien, qu'elle auroit perdû par fa mort.

Mais tant s'en faut que la Dame de Saffi aprehendât de rien perdre par la perte du fieur de Saffi, qu'au contraire, elle devoit demeurer maiftreffe abfolue de tout fon bien, ayant pris fes mefures pour fe l'affurer.

On a obfervé ci-deffus, que tout le bien du fieur de Saffi avoit efté converti en billets payables au porteur dont elle s'eftoit faifie. Comme elle n'en eft chargée par aucun Acte, elle comptoit qu'elle en demeureroit feurement la maîtreffe. Pour y mieux réuffir, elle avoit la précaution de ne les point garder chez elle, non plus que fes effets les plus précieux, cela eft prouvé par quelques-unes de fes lettres qui font au Procés; c'eft pourquoi lors de l'inventaire qui a efté fait après l'interdiction du fieur de Saffi, il ne s'eft trouvé ni billets ni vaiffelle d'argent; de forte que de plus de 300000. livres de bien qu'avoit le fieur de Saffi, il n'en paroift pas aujourd'hui la dixiéme partie.

Il y a plus par la fuppofition qu'elle avoit fait d'un enfant, elle pretendoit s'être mife hors d'eftat de rien craindre de la part des parens.

A juger donc par l'intereft qu'elle avoit à la confervation ou a la perte du fieur de Saffi, on ne peut former de jugemens qui luy foient favorables, ny qui affoibliffent les preuves qui font au procez du complot dont elle eft accufée.

C'eft ce qui l'oblige de reprefenter ce complot comme une bagatelle, ou comme une faute qui n'a pû faire la matiere d'une plainte en juftice. Ce complot, dit-elle dans fon Factum, n'aboutit qu'à une fimple envie d'engager le fieur de Saffi à voyager, ou c'eft, dit-elle dans fes griefs, un fimple projet, une de ces penfées qu'infpire un chagrin paffager, & qu'un promt repentir efface.

Quand le complot n'auroit eu d'autre but quu d'éloigner le fieur de Saffi à s'abfenter, il ne laifferoit pas d'y avoir un crime trés-grave dans le deffein, dans les moyens dont on s'eft fervi pour y réüffir, & dans les fuites que l'on prévoyoit neceffairement qu'il pourroit y avoir.

On ne peut douter que ce ne foit un crime trés-veritable, de forcer un homme par de mauvais moyens, à quitter fa maifon & fon païs, pour errer dans les païs étrangers.

Le crime eft encore plus grave, de fuppofer pour cela des ordres du Roy, & d'abufer d'un nom fi Augufte, pour jetter des terreurs paniques dans l'efprit d'un de fes fujets.

Enfin, le feul deffein d'obliger le fieur de Saffi de fe retirer hors du Royaume, emporte neceffairement en attentat à fa vie, ou au moins à fa liberté. En effet, cela ne s'eft pû faire fans l'expofer à de trés grands perils. Il pouvoit, comme on l'a déja dit, eftre arrefté en voulant s'embarquer, & on l'auroit traité comme transfuge; étant feul, inconnu, & avec de l'argent, il pouvoit eftre jetté à la mer par les matelots, après l'avoir volé. En abordant chez les ennemis, il pouvoit eftre pris & traité comme efpion, ou y demeurant inconnu, il pouvoit y perir de mifere & de neceffiié. Si on regarde enfin l'évenement de fa retraite, on ne peut nier qu'il n'ait efté trés funefte; puifque les frayeurs dont le fieur de Saffi a efté agité, & qui ne l'ont jamais quitté, ont caufé l'alienation de fon efprit, & qu'elles l'ont mis dans un eftat pire que la mort même.

Il s'enfuit de là que le complot ne peut eftre regardé comme un fimple projet qui ait efté oublié auffi-tôt que connu. La Dame de Saffi y a perfeveré avec opiniâtreté; elle a employé tous les moyens poffibles pour le faire réüffir, & enfin elle l'a executé par l'expulfion du fieur de Saffi.

En expliquant les circonftances & les preuves du complot, on a fait voir que le ſieur de Ponſenat y avoit beaucoup de part, & qu'il en étoit complice.

Le privilege qu'il a eu de voir ſeul le ſieur de Saſſi, pendant qu'il eſt demeuré enfermé dans ſon cabinet, les ſoins qu'il s'eſt donné conjointement avec la Dame de Saſſi, pour effacer de l'eſprit du ſieur de Saſſi, les impreſſions que l'avis du Pere Jerotée y avoit faites ; la mauvaiſe foi qu'il a euë de ſuppoſer dans ſes interrogatoires, que c'eſtoit le Pere Jerotée qui avoit inſpiré au ſieur de Saſſi la frayeur des ordres de la Cour ; le preſent de la chapelle d'argent que la Dame de Saſſi lui a fait, pour la recompenſe de ſes bons offices ; & enfin ſes viſites au Pere Jeotée, dans la ſeule vûë de penetrer ce qu'il ſçavoit du complot, ſont des preuves évidentes de complicité. Cela a eſté expliqué plus amplement dans les écritures fournies contre lui.

SECONDE PARTIE.

Suppoſition d'enfant.

La ſuppoſition d'enfant eſt conſtamment un crime qui merite punition quand il eſt prouvé ; les Loix le mettent au rang des crimes capitaux. Il s'agit de prouver que la Dame de Saſſi en eſt coupable.

Les faits de cette ſuppoſition ſont que la Dame de Saſſi ayant engagé le ſieur de Saſſi dans un mauvais commerce, elle avoit tiré parole de lui qu'il l'épouſeroit, en cas qu'il eut d'elle un enfant mâle, parce qu'il avoit une violente paſſion d'avoir des enfans.

Que comme l'âge de la Dame de Saſſi ne lui permettoit gueres d'en eſperer par les voyes naturelles, elle reſolut d'en ſuppoſer, & qu'a cet effet elle prit un enfant nouveau né du Village de S. Irmond en Bourbonnois, & qu'au retour d'une abſence du ſieur de Saſſi, elle le lui preſentat comme en eſtant accouchée.

Que cet enfant fut nommé Emanuel, ſoit qu'elle ait fait entendre qu'il avoit eſté baptiſé ſous ce nom, ſoit qu'elle ait fait des nouvelles ceremonies d'un Baptême, ce qui eſt fort apparent.

Que le ſieur de Saſſi a reçû & traité cet enfant comme eſtant ſon fils, & qu'il s'en eſt toûjours cru le pere.

Que la Dame de Saſſi n'a rien oublié depuis ſon mariage pour l'entretenir dans cette erreur.

Et enfin, que l'enfant a eſté reconnu publiquement par les parens, les amis & les voiſins, pour eſtre le fils des ſieur & Dame de Saſſi.

On ne peut nier que ſi ces faits ſont veritables, il n'y ait eu une veritable ſuppoſition : parce que ſuppoſer un enfant, n'eſt autre choſe que d'introduire un enfant étranger dans une famille dont il n'eſt point, & que des faits que l'on vient d'articuler, il reſulte clairement que la Dame de Saſſi avoit introduit le fils d'un Païſan dans la famille du ſieur de Saſſi, en le faiſant paſſer pour ſon fils.

Voici donc quelles ſont les preuves de tous ces faits.

Le premier, qui eſt que la Dame de Saſſi avoit eu parole du ſieur de Saſſi de l'épouſer, s'il avoit d'elle un enfant, eſt écrit dans l'interrogatoire de la Dame de Saſſi ; voici comme elle y parle. *Dit de ſoi que toutes les fois que le ſieur de Saſſi la voyoit auparavant leur mariage, il lui diſoit que ſi elle pouvoit avoir un enfant, & principalement un garçon, il l'épouſeroit.*

Elle parle encore de ce même fait dans un autre endroit, en déclarant *qu'ayant fait reflexion à ce que luy avoit dit le ſieur de Saſſi, ſi elle avoit un garçon, elle lui fit entendre, &c.*

Le fecond fait, qui eſt que la Dame de Saſſi excitée par cette promeſſe du ſieur de Saſſi, lui avoit fait accroire qu'elle eſtoit accouchée en ſon abſence, & qu'elle lui preſenta l'enfant, dont elle ſe dit accouchée, ſe trouve encore écrit dans ſon interrogatoire, & il eſt auſſi prouvé par les informations.

Voici les termes de l'interrogatoire.

Enquiſe quel eſt l'enfant qu'elle avoit chez elle lors qu'elle a eſté arreſtée? a dit que c'eſt un enfant qu'elle a pris par charité, qu'à la verité elle fit entendre quelque tems aprés qu'elle l'eut pris au ſieur de Saſſi, qui venoit la voir à Moulin, & qui alloit alors faire juger le procez, dont elle a parlé cy-deſſus, qu'elle eſtoit accouchée dudit enfant.

Et dans un autre endroit. *Qu'ayant fait reflexion à ce que luy avoit dit le ſieur de Saſſi, ſi elle avoit un enfant, elle luy fit entendre qu'il eſtoit de luy.*

Par la depoſition de Françoiſe Boutran, qui eſt le quatriéme temoin de l'adition d'information, il paroît 1°. que pendant l'abſence du ſieur de Saſſi, la Dame de Saſſi fut demander à une Dame de ſes amies un enfant nouveau né, ſous pretexte de l'élever par charité.

2°. Que le ſieur de Saſſi eſtant revenu, la Dame de Saſſi le mena voir cet enfant dont elle luy avo t declaré qu'elle eſtoit accouchée en ſon abſence, & qu'on en avoit point fait paroiſtre la mere, de crainte que la reſſemblance en quelque mouvement maternel ne découvrît ou ne fiſt ſoupçonner la verité.

Le troiſiéme fait, que l'on n'avoit point conſervé les noms de Baptême de cet enfant, mais qu'on l'avoit nommé Emanuel, n'eſt point conteſté; la Dame de Saſſi en convient par ſon Interrogatoire, & il eſt d'ailleurs prouvé par pluſieurs de ſes Lettres & par les depoſitions des Témoins.

On a dit qu'il y avoit beaucoup d'apparence qu'on l'avoit fait rebaptiſer, ou du moins qu'on avoit fait de nouvelles ceremonies de Baptême en preſence du ſieur de Saſſi. Outre que la Dame de Saſſi ayant eu la hardieſſe de le ſuppoſer, il n'eſt pas à preſumer qu'elle ſe ſoit fait un grand ſcrupule de faire faire de ſimples ceremonies d'un Baptême; il y a quelque preuve de ce fait dans l'Interrogatoire que le ſieur de Saſſi a ſubi pardevant le Juge de ſaint Malo lors de ſon retour de l'Iſle de Jerſay. Car luy ayant eſté demandé s'il avoit des enfans, & quels eſtoient leurs noms, il a parlé de celuy dont il s'agit, qu'il a dit s'appeller Emanuel, ajoûtant qu'il ne ſçavoit pas s'il avoit eſté baptiſé, qu'il croyoit pourtant qu'il l'avoit eſté, ayant vû quelque choſe d'approchant.

Quoique, eu égard à la ſituation d'eſprit où eſtoit le ſieur de Saſſi lorſqu'il a ſubi cet Interrogatoire, ſes réponſes ne puiſſent former des preuves entieres, elles ne laiſſent pas de former des préſomptions, parce que l'alteration d'eſprit n'oſte pas ordinairement la memoire des faits, & qu'il paroiſt que le ſieur de Saſſi avoit tres-preſent l'eſtat de ſa famille.

Le quatriéme fait, que le ſieur de Saſſi s'eſtoit crû le pere de cet enfant, qu'il l'ait fait élever comme ſon fils, & qu'il l'ait toûjours crû tel, ne peut eſtre douteux tant il y a de preuves.

Il paroiſt par les informations qu'il l'appelloit ſon fils, ſon bel amy, qu'il le faiſoit appeller le petit Marquis de Saſſi, qu'il l'aimoit extraordinairement, & qu'il diſoit qu'il mourroit content laiſſant un ſi bel enfant ſon heritier.

L'Interrogatoire de la Dame de Saſſi fournit des preuves du même fait.

Elle y parle d'un Teſtament qui avoit eſté fait par le ſieur de Saſſi, où il a parlé de cet enfant comme de ſon fils.

Ayant eſté demandé à la Dame de Saſſi pourquoy elle n'avoit pas dit au

ſieur

fieur de Saffi, depuis leur mariage, que l'enfant n'eftoit pas de leurs œuvres, elle répond, *que fi elle avoit fait un pareil aveu au fieur de Saffi, il l'auroit quittée un quart-d'heure aprés.*

Dans un autre endroit eftant interrogée fur l'inquietude qu'elle avoit fait paroiftre pendant la vifite que fit le Pere Jerotée au fieur de Saffi la veille de fon depart, elle dit, *qu'elle apprehendoit qu'on ne fe fervît du miniftere de ce Pere pour découvrir au fieur de Saffi l'hiftoire du Mignon.* Le fieur de Saffi ignoroit donc au temps qu'il s'eft abfenté l'hiftoire du Mignon, c'eft-à-dire la verité de fa naiffance, & par confequent il s'en croyoit toûjours le pere.

Il n'a pas même efté detrompé depuis.

Il y a au Procés une Lettre du fieur de Veilleroy, Superieur des Urfelines de Vire, où l'on voit que le fieur de Saffi ayant paffé à Vire, luy avoit parlé de cet enfant, & le luy avoit nommé Emanuel.

Le fieur de Saffi eftant dans l'Ifle de Jerfay, y a écrit de fa main un Acte, qui prouve encore bien clairement qu'il fe croyoit le pere de l'enfant dont il s'agit.

La Dame de Saffi avoit bien pris le foin de luy écrire au fujet de l'accufation formée contre elle, mais elle ne luy avoit parlé que du chef qui regarde le complot fait contre fa perfonne. Le fieur de Saffi craignant que la difgrace de la Dame de Saffi ne retombât fur l'enfant, qu'il croyoit eftre fon fils, voulut faire une difpofition pour en affurer l'eftat. Il dreffa donc & écrivit de fa main l'Acte dont on vient de parler, qui eft du .... 1706. & qu'il depofa chez un Notaire.

Et le fujet de fon inquietude par rapport à cet enfant eft, que n'eftant point né depuis fon mariage, il apprehendoit qu'on ne voulût luy contefter fon eftat ; c'eft pour prevenir cette conteftation qu'il a fait l'Acte, pour rendre, dit-il, la juftice qu'il doit à fon fils ; il s'en reconnoift donc le pere, & declare que la Dame de Saffi fon époufe en eft accouchée à Chevilly en Bourbonnois.

Le cinquiéme fait qui eft, que la Dame de Saffi n'a rien oublié pour entretenir le fieur de Saffi dans cette erreur depuis leur mariage, & par confequent pour faire réuffir la fuppofition qu'elle luy avoit faite. Ce fait, dis-je, eft prouvé par un tres-grand nombre de Lettres de la Dame de Saffi qui font au Procés, & qu'elle a reconnues. Il n'y a prefque point de ces Lettres où elle ne l'entretienne de Mignon, comme le fuppofant fon fils, & où par les éloges infinis qu'elle donne à ce fils pretendu, elle ne s'efforce de luy infpirer tout l'amour & toute la tendreffe que l'on peut avoir pour le fils le plus aimable.

Je fuis fi charmée de Mignon, qui eft venu ce matin à ma rencontre jufqu'à Juvify, conduit par fa Gouvernante, que je ne crois pas pour ce foir pouvoir vous parler d'autre chofe. Je n'ay pas la force de paffer d'étaler les perfections de Monfieur Mignon. Les pieds tournez & plantez comme un Gaflon de Foix, les yeux où il femble que toute la lumiere du monde foit renfermée : il répond à tout, à l'exception que quand on le nomme Mignon il ne branle pas, & dés qu'on nomme Marquis Mignon il vient. Comptez-vous bien qu'il n'y a que fix femaines que je l'ay vû ; que fera-ce pour vous au bout de plufieurs mois ?

A-t-on jamais parlé ainfi du fils d'un Payfan qu'on éleve par charité ?

Mais pour ne s'arrefter qu'à ce qui prouve directement, & fans qu'il foit befoin de raifonnement, on en va rapporter quelques-unes, dont le fens eft fi clair, qu'il ne peut fouffrir d'équivoque.

Par une Lettre qui eft fans datte, elle dit, parlant de Mignon, *qu'il a toutes fes dents, qu'il fe nomme Mignon Saffi, Mignon Marquis.*

Par une autre qui eft du 4. Septembre 1701. en parlant de la groffeffe qu’elle avoit feinte, pour fuppofer un fecond enfant, comme on l’a obfervé dans le fait, elle dit au fieur de Saffi : *Songez que vous avez un fils, & tantoft deux.*

Par une autre qui eft fans datte, & où elle parle encore de la même pretendue groffeffe, elle écrit : *On apprend déja à Monfieur Mignon ce qu’il témoigne par fes petits geftes, qu’il ne trouve bon un frere.*

Elle écrit dans une Lettre du 6. Septembre 1702. que *Madame Tronçon,* (c’eftoit une tante du fieur de Saffi) *luy avoit fait faire des complimens, & de luy envoyer Mignon, qu’elle veut le voir, qu’il ait part à fa fucceffion.* Elle ajoûte : *Je luy ay fait faire un habit de deüil pour la mort de fon frere.* Ce frere eftoit le fils du premier lit de la Dame de Saffi, tué à la Bataille de Luzara.

Il eft clair qu’elle n’a pû parler de Mignon, comme elle a fait dans cette Lettre, qu’en le fuppofant veritablement fils du fieur de Saffi & elle, puifque ce n’eftoit qu’en cette qualité qu’il pouvoit avoir part à la fucceffion de Madame Tronçon, & eftre le frere du fieur de Ris.

Il y en a une du 28. Octobre de la même année, par laquelle elle mande au fieur de Saffi, que Mignon avoit tenu un enfant au nom d’Emanuel, & elle parle des réjouiffances qui avoient efté faites à la ceremonie du Baptême, à caufe de la qualité du Parain. Si on avoit l’Extrait Baptiftaire, on y trouveroit fans doute Emanuel Vauquelin ; fi cela n’eftoit pas, la Dame de Saffi l’auroit reprefenté.

Par une autre Lettre du 6. Decembre fuivant, parlant d’un portrait de Mignon qu’elle avoit fait faire, ajoûte : *Si une petite copie que j’ay en tefte de faire tirer pour vous l’envoyer dans une Lettre, prend un petit air mutin qui eft dans le grand portrait, vous n’auray pas de peine à le reconnoiftre pour vous appartenir.*

Pouvoit-elle rien dire au fieur de Saffi qui fervît davantage à le laiffer & même à le confirmer dans l’erreur où elle l’avoit jetté, & qui pût auffi mieux écarter tout foupçon de fuppofition, qu’en le flatant d’une grande reffemblance entre luy & l’enfant qu’elle avoit fuppofé. C’eft pourquoy, pour faire paroiftre cette reffemblance encore plus parfaite, elle la fait remarquer jufques dans les inclinations, en luy marquant dans la Lettre qui eft du 20. Février, que Mignon aimoit les Livres & l’argent comme le fieur de Saffi.

Il refte à prouver, que la Dame de Saffi avoit tellement impofé au Public fur l’eftat de cet enfant, que les parens & les amis du fieur de Saffi le regardoient comme fon fils.

On a vû cy-deffus par une Lettre de la Dame de Saffi, que Madame Tronçon avoit demandé à le voir comme le croyant fon neveu.

Il y a au Procés deux Lettres de la Damoifelle de Saffi Bazoches écrites à la Dame de Saffi, où elle luy en fait l’éloge comme de fon fils.

Par l’une qui eft du 23. Septembre, elle dit : *J’ay vû Monfieur vôtre fils, il n’eft pas reconnoiffable, il eft beau comme l’amour.*

Dans l’autre qui eft fans datte, elle écrit : *Monfieur Renault vous fût voir hier au foir, il trouva que vôtre cher Dauphin fe portoit mieux.*

Le fieur Duffoir Preftre, Agent des Sieur & Dame de Saffi en Normandie, écrit ainfi à la Dame de Saffi dans une Lettre du 14. Mars 1705. *Je remercie Monfieur Mignon de fon fouvenir, je prens tout-à-fait part à la gloire de fon mérite ; s’il ne m’aimoit pas, il y auroit prefcription : Monfieur fon grand-pere m’a beaucoup aimé, & Monfieur fon pere m’aime un peu auffi.*

Et dans une autre qui eft du 20. May de la même année, il parle ainfi : *Ayez bien foin de Monfieur Mignon que j’aime de tout mon cœur ; élevez-le bien pour en faire un Seigneur de diftinction.*

Il regardoit donc Mignon comme un enfant de condition, & comme le fils du sieur de Sassi ?

Quoy qu'il ne s'agisse pas absolument de la supposition que la Dame de Sassi a voulu faire depuis son mariage, le fait n'en est pas indifferent, parce qu'il sert à faire connoistre dequoy la Dame de Sassi est capable ; qu'il ajoûte un nouveau degré de preuve de la supposition dont elle est accusée, & que le crime doit en paroistre plus grave & plus important.

C'est pour cela que ne pouvant nier que peu de temps aprés son mariage, elle ne se soit dire grosse, on suppose dans ses Griefs qu'elle avoit crû l'estre ; mais il y a des preuves certaines que c'estoit une grossesse feinte.

La premiere est, qu'il paroist par les Lettres qu'elle a écrite au sieur de Sassi sur cette pretendue grossesse, qu'elle luy en parle comme d'une grossesse tres-certaine, & tellement avancée qu'elle ne pouvoit s'y méprendre.

La seconde est, qu'il se voit dans les depositions des Femmes de Chambre, entendues dans les informations, que bien que la Dame de Sassi eût feint une grossesse, elles avoient reconnu à des marques certaines qu'elle n'estoit point grosse.

La troisiéme est, que cette grossesse pretendue s'estoit dissipée par le retour precipité & imprevû du sieur de Sassi.

Les Letttres de la Dame de Sassi prouvent qu'elle n'attendoit le sieur de Sassi que dans le mois de Mars, & elle y marque le temps de ses couches dans le mois de Février ; c'estoit le temps auquel devoit estre prest ce qui estoit necessaire pour faire réussir la supposition.

Mais le sieur de Sassi arriva malheureusement pour elle six semaines ou deux mois plustost, & la Dame de Sassi n'apprit même son retour que par un Valet de Chambre qui arriva la veille. Ce contre-temps deconcerta toutes ses mesures, & il n'y eut plus d'apparence de conserver une grossesse dont elle n'eût pû se delivrer aux yeux du sieur de Sassi. Cela l'obligea de s'en delivrer, en feignant une fausse couche le soir même de l'arrivée du Valet de Chambre, & du Tertre Chirurgien qu'elle envoya querir, emporta un paquet de linge sous son bras, supposant que la Dame de Sassi estoit accouchée d'une mole.

Comme l'estat auquel elle feignoit estre demandoit qu'elle fût saignée, & que le sieur de Sassi l'en pressa, elle fit saigner pour elle une Femme de Chambre, dont elle fit paroistre le sang comme si ç'eût esté le sien ; ce fait est prouvé non seulement par les informations, mais par l'aveu que la Dame de Sassi en fait dans son Interrogatoire.

Premiere Objection. Pour tomber dans le crime de supposition d'enfant, il faut avoir fabriqué des Actes solemnels tels que sont des Extraits Baptistaires, ou autres qui servent ordinairement à establir l'estat des enfans. Qu'en effet, les Loix ont rangé ce crime sous le titre où elles traitent du crime faux ; que telle est la pensée de M. Cujas, qui distingue le simple mensonge de la faussété. Les Loix marquent, dit-on, que pour pouvoir estre accusé de supposition d'enfant, il faut l'avoir soûtenu publiquement ; qu'il faut avoir presenté au Préteur le fantôme de la supposition pour l'ouvrage de la nature ; qu'il faut avoir demandé une succession ou s'estre fait mettre en possession des biens de celuy à qui l'on suppose l'enfant.

Réponses. Dans le fait il y a beaucoup d'apparence qu'il y a un Baptistaire de l'enfant dont il s'agit ; on a expliqué cy-dessus ce qui le fait croire.

Il ne paroist d'ailleurs que trop de Pieces qui ont esté faites pour favoriser la supposition dont il s'agit. Il y a certainement un Testament du ſieur de Saſſi, où l'enfant eſt reconnu ; car bien que Monſieur de Villiers ne puiſſe rapporter ce Teſtament, parce qu'il ne ſçait qui en eſt le dépoſitaire, on ne peut en revoquer en doute la verité, la Dame de Saſſi en ayant parlé elle-même dans ſon Interrogatoire.

Le nom de l'enfant dont il s'agit, comme eſtant fils du ſieur de Saſſi, ſe trouve encore écrit dans un Regiſtre public, ſçavoir, dans un Regiſtre de Baptêmes ; on a obſervé cy-deſſus que cet enfant avoit eſté parein, & qu'il avoit eſté reçû & honoré à cette ceremonie comme fils du ſieur de Saſſi. Voilà encore un acte authentique qui eſt du fait particulier de la Dame de Saſſi.

Le grand nombre de Lettres de la Dame de Saſſi, du ſieur de Saſſi & des parens ou amis, où l'enfant eſt traité comme enfant du ſieur de Saſſi, ſont encore autant d'actes, autant de titres, qui joints à une éducation publique, pourroient ſuppléer à un Extrait Baptiſtaire.

Dans le Droit, c'eſt une erreur de pretendre qu'on ne ſoit coupable de ſuppoſition d'enfant que lorſqu'on a alteré ou ſuppoſé des actes publics ; il n'y a rien dans les Loix ni dans les Auteurs d'où l'on puiſſe induire une propoſition ſi abſurde.

Le crime de ſuppoſition conſiſte uniquement à changer l'eſtat d'un enfant en l'ôtant à ſon pere pour le donner à un autre ; c'eſt introduire un enfant dans une famille dont il n'eſt point. C'eſt tout ce que les Loix nous apprennent de ce crime : de quelque maniere qu'on l'entreprenne, & par quelque moyen qu'on le faſſe réuſſir, le crime eſt commis ; il n'eſt point neceſſaire qu'il paroiſſe des Extraits Baptiſtaires, ni d'autres Actes de cette nature. Si la ſuppoſition d'enfant eſt miſe au rang des crimes de faux, c'eſt qu'elle eſt une fauſſeté par elle-même par quelque voye qu'on la commette. M. Cujas l'explique fort bien dans l'endroit même cité dans les Ecritures de la Dame de Saſſi, qui eſt le titre du Code *ad Leg. Cornel. de falſiſ. Suppoſitio partus falſitas eſt & fraus facta natura & cadit in generalem falſi* ; & il eſt ſi éloigné de croire que cette fauſſeté ne ſe puiſſe commettre ſans alteration ou ſuppoſition de Pieces, qu'il declare au contraire que la définition du crime de faux qui eſt propoſée dans la Loy *quid ſit falſum ff. ad Leg. Cornel. de falſ.* & qui regarde l'alteration des Actes ne s'applique point au crime de ſuppoſition d'enfant : *Non comprehendit hoc genus falſi.* C'eſt ce qui luy fait dire que le crime de faux en general eſt, *Quidquid in veritate non eſt, ſed pro vero aſſeveratur* ; définition qu'il a tirée des Sentences du Juriſconſulte Paulus.

Quoique l'Extrait Baptiſtaire ſoit le moyen le plus ordinaire dont on ſe ſert pour faire réuſſir une ſuppoſition, elle ſe peut faire ſans cela, parce que ſuivant l'Ordonnance & toutes les Loix, il y a d'autres moyens reçûs pour prouver ſon eſtat, juſques-là même qu'on a vû des enfans reconnus contre la teneur de leurs Baptiſtaires, où les noms de leurs peres & meres avoient eſté diſſimulez.

En effet, on ne peut douter qu'un enfant nourri, élevé & reconnu publiquement comme enfant naturel legitime, ne puiſſe acquerir la poſſeſſion de ſon eſtat, de maniere que le défaut de repreſentation d'un Baptiſtaire ne ſeroit pas capable de le luy ôter. Il y en a une déciſion expreſſe dans la Loy 9. Cod. *de Nuptiis. Si vicinis vel aliis ſcientibus uxorem liberorum procreandorum cauſa habuiſti, & ex eo matrimonio filia ſuſcepta eſt quamvis tabulæ, neque ad filiam natam pertinentes facta ſunt, non ideo minus veritas matrimonii aut ſuſcepta filiæ, ſuam habet poteſtatem.* La raiſon eſt qu'un enfant n'eſt pas toûjours en eſtat de repreſenter un Baptiſtaire, ſoit qu'il n'y en ait point eu, ſoit qu'il ignore le lieu où il a baptiſé, comme cela arrive ſouvent.

Ce

Ce raisonnement est d'autant plus juste qu'il est soûtenu d'un exemple dans la personne du sieur de Sassi, dont il ne se trouve point de Baptistaire ; de sorte que quand il a voulu prouver sa majorité, il a esté obligé d'avoir recours à une enqueste pour sçavoir le temps de sa naissance.

Ces principes estant certains, pour juger si la Dame de Sassi est coupable de supposition, il ne s'agit que de sçavoir si elle a changé l'estat d'un enfant, si elle l'a supposé au sieur de Sassi comme estant de luy, en un mot, si elle l'a introduit & élevé dans leur maison comme estant leur fils ; comment douter de ce fait aprés les preuves qui en ont esté expliquées cy-dessus, & qu'on ne repetera point ?

Seconde Objection. L'enfant n'a pas esté mis sous le poile, & qu'il n'en a pas esté parlé dans le Contrat de mariage, ni dans l'Acte de celebration.

Réponses. L'usage n'est plus, au moins entre les gens de quelque condition, de mettre les enfans sous le poile, parce qu'une pareille ceremonie est une reconnoissance, une preuve publique de leur débauche ; ce que l'on est bien-aise d'éviter, comme n'estant point necessaire pour assurer l'estat des enfans.

La même raison empêche souvent d'en faire la declaration dans les Contrats de mariage & dans les Actes de celebration. Pour ne pas fournir des preuves éternelles d'une honteuse débauche, ceux qui se marient regardant la naissance de leurs enfans comme certaine, ils sont persuadez que rien ne peut détruire leur estat.

Troisiéme Objection. Non seulement il n'y a point eu de Baptistaire supposé, mais le veritable Baptistaire de l'enfant dont il s'agit a toûjours subsisté comme une preuve certaine de sa naissance. On ajoûte même que lorsque la Dame de Sassi s'est chargée de cet enfant, elle a eu la précaution d'écrire sur le Registre qu'elle l'avoit pris pour l'élever par charité.

Réponses. 1°. Le Baptistaire de l'enfant dont il s'agit ne pouvoit jamais servir d'obstacle à la supposition, ni empêcher que cet enfant n'acquît par la possession, la qualité de fils du sieur de Sassi ; car tout ce que prouve ce Baptistaire est, qu'il avoit esté baptisé un enfant nommé *Joseph*, *fils du nommé Mercier*, mais il n'auroit pas prouvé que cet enfant estoit celuy que les Sieur & Dame de Sassi élevoient comme leur fils, d'autant plus qu'on avoit changé son nom en l'appellant Emanuel.

2°. L'Apostille qui se trouve aujourd'huy sur le Registre à costé du Baptistaire, & dont la Dame de Sassi parle, comme d'un fait qui sert à sa justification, sert au contraire à sa conviction ; parce que c'est une fausseté manifeste, qui n'a esté faite que depuis le Procés pour se préparer une deffense contre l'accusation de supposition d'enfant.

Les preuves de cette fausseté sont,

Que la Dame de Sassi n'a point parlé de cette Apostille dans son Interrogatoire.

Qu'elle n'est point signée d'elle, ni du sieur de Sassi, ni de qui que ce soit.

Qu'elle n'est point sur le double du Registre qui est au Greffe des Déposts Ecclesiastiques.

La Dame de Sassi répond à ce fait qui est décisif, que l'Objection en ayant esté faite au Curé lors du compulsoire, ce bon Prestre répondit, que le double Registre avoit esté porté au Greffe lorsque la Dame de Sassi avoit pris l'enfant.

Mais il y a preuve que ce bon Prestre a voulu couvrir une fausseté par un mensonge.

Car la Dame de Sassi avoit pris l'enfant au mois de Mars ou Avril 1701.

or il eſt certain dans le fait que le Regiſtre n'a dû eſtre porté au Greffe, & qu'il n'a eſté porté en effet qu'au commencement de l'année 1702.

Ajoûtons que cette précaution d'avoir écrit ſur le Regiſtre des Baptêmes que la Dame de Saſſi avoit pris un enfant pour l'élever par charité, eſt ſi extraordinaire qu'elle prouve un deſſein caché. En effet, bien qu'il ſe trouve quelquefois des gens qui prennent des enfans pour les élever par charité, il eſt ſans exemple que perſonne ſe ſoit aviſé d'en faire declaration ſur le Regiſtre de l'Egliſe.

Troiſiéme objection. L'éducation d'un enfant n'eſt pas une preuve de filiation, les Loix le décident ainſi, parce qu'il n'eſt pas nouveau de voir des perſonnes prendre une forte inclination pour des enfans à qui ils prodiguent leurs careſſes. Si l'on met ſon plaiſir à élever des petits animaux, pourquoy ne le mettra-t-on pas à élever des enfans ?

Réponſes. Il ne manque à ce raiſonnement qu'une juſte application au fait dont il s'agit. Il eſt vray qu'élever des enfans, que les aimer même avec paſſion, ne ſuppoſe point qu'on en ſoit le pere ; mais cela s'entend lorſque ces enfans ſont regardez & traitez pour ce qu'ils ſont, c'eſt-à-dire, pour des étrangers, & non pas lorſqu'on les traite & qu'on les eleve en les faiſant paſſer pour ſes enfans, & qu'on leur en fait porter le nom. Car les Loix ne reconnoiſſent gueres de plus forte preuve que celle-là de l'état des enfans : *Nec facile credendum ſubjectam eam quam ambo parentes dicuntur caram filiam habuiſſe. L. 1. §. de Quæſt. præſumptive talem dicimus filium quem talis cohabitatio filium demonſtrat quia fuit in poſſeſſione filiationis.* Gloſe ſur le chap. *Michael extr. de filiis presbit.*

Or il eſt prouvé dans le fait, que l'enfant dont il s'agit a eſté élevé dans la maiſon des Sieur & Dame de Saſſi comme leur fils, & qu'ils l'ont toûjours traté comme l'eſtant veritablement.

Quatriéme objection. Il y a des Lettres où la Dame de Saſſi parle d'elle comme n'ayant point d'enfant. A l'égard de celles où elle parle de l'enfant dont il s'agit, elles ne contiennent qu'un langage d'amuſement, une eſpece de jargon entre un mary & une femme qui s'écrivent avec familiarité.

Réponſes. 1°. Il faut croire le Public & les Juges même bien crédules, pour vouloir faire paſſer comme de ſimples plaiſanteries tout ce que la Dame de Saſſi a écrit dans ſes Lettres au ſujet de l'enfant dont il s'agit. Il eſt vray que ne pas tomber trop ouvertement dans le ridicule, on a eu la prudence de ne s'engager dans le détail d'aucune de ces Lettres ; on a cru qu'il eſtoit plus facile de dire en general qu'elles n'avoient rien de ſerieux, & qu'elles ne contenoient qu'un langage particulier de deux perſonnes qui badinent, que de trouver quelques réponſes plauſibles aux endroits où il eſt parlé de l'enfant ſuppoſé. En effet, que répondre aux endroits de ces Lettres où la Dame de Saſſi le declare frere du ſieur de Ris ſon fils du premier mariage, où elle en parle comme devant avoir part à la ſucceſſion de Madame Tronçon tante du ſieur de Saſſi ; où elle parle d'un portrait qu'elle en avoit fait faire, & dans lequel le ſieur de Saſſi devoit ſe reconnoiſtre, &c.

Que répondre pareillement aux Lettres qu'ella a reçûes de ſes parens, de ſes amis, où il en eſt parlé tres-ſerieuſement comme de ſon fils ?

2°. Il n'y a aucunes Lettres d'où l'on puiſſe induire que la Dame de Saſſi ait parlé comme n'ayant point d'enfans.

La ſeule Lettre dont on pourroit tirer cette conſequence, ſi elle avoit le ſens que la Dame de Saſſi luy donne, eſt celle où elle écrit au ſieur de Saſſi touchant l'affaire qu'elle avoit pour la ſucceſſion du ſieur de Ris ſon fils ; les termes qu'on en rapporte dans les Griefs ſont : *Si l'amour que j'avois pour loy qui a fait bien oublier des choses, le desespoir de laisser à des heritiers que je n'aime point me tiendra alerte.* On conclut de là que la Dame de Saffi ne regardoit pas Mignon comme son heritier.

Cette conclusion n'est pas de bonne foy. Les heritiers dont la Dame de Saffi parle dans sa Lettre, ne sont pas ses heritiers, ce sont les heritiers collateraux du sieur de Ris qui estoient ses parens paternels. La Dame de Saffi parlant de ses droits sur les biens du sieur de Ris son premier mary, declare que si elle avoit bien voulu par affection pour son fils ne pas les exercer à la rigueur, elle les fera presentement valoir de son mieux, parce qu'elle seroit au desespoir que des heritiers qu'elle n'aime point en profitassent. Il est évident que ces heritiers ne peuvent estre que ceux de son fils, n'ayant à discuter ses droits qu'avec eux.

D'ailleurs sous les termes d'heritiers qu'elle n'aime point, elle ne pouvoit entendre les siens ; parce qu'à défaut d'enfant elle avoit pour heritiere présomptive la Dame de Ransijac sa sœur, pour qui elle déclare elle-même qu'elle avoit beaucoup de tendresse.

A l'égard des autres Lettres, il n'y en a pas une où la Dame de Saffi parle de Mignon comme n'estant point son fils ; il n'y en a pas même une seule où elle parle d'elle comme n'ayant point d'enfans.

Elle allegue inutilement une Lettre du 23. Septembre 1701. où elle paroist exciter le Sieur de Saffi à se conserver des fonds pour les enfans qu'il pourroit avoir ; & c'est mal-à-propos qu'elle induit de là qu'elle regardoit le Sieur de Saffi comme n'ayant point d'enfans, & par consequent comme n'étant point le pere de Mignon.

Les termes de la Lettre & le temps auquel elle a esté écrite, prouvent la fausseté de cette consequence.

Au mois de Septembre 1701. le Sieur de Saffi laissoit douter quelquefois, s'il épouseroit la Dame de Saffi, & elle-même luy écrivoit sur ce pied là : *Vous sçavez bien,* dit-elle dans une Lettre du 21. Septembre, *que je vous ay toûjours dit, que de vous à moy je ne vous tiendrois dans nul engagement, & que plûtost qu'il vous vint à honte ou dommage, je renoncerois à toutes prétentions justes que j'ay sur vous. Je vous le repete, je ne veux point estre vostre fleau ; vous vous tiendrez pour dit, que vous estes libre, sans avoir égard à la mort que vous me causerez.*

Dans le même esprit, elle luy écrit la Lettre du 23. du même mois. *Si vous m'épousez, il faut vous laisser un bien au soleil : si vous en voulez épouser une une autre, croyez vous qu'on s'accommodera de tous ces bouleversemens ; n'aurez-vous point d'enfans ?*

Il est évident que par ces termes ; *N'aurez-vous point d'enfans,* elle ne parle que de ceux qu'il pouvoit avoir d'une autre femme, s'il en épousoit une autre qu'elle. La suite du discours le fait clairement connoistre.

Elle ne pouvoit parler lors de Mignon, comme d'un enfant qui dût estre l'heritier du Sieur de Saffi, parce que n'y ayant point encore de mariage entre les Sieur & Dame de Saffi, on ne pouvoit en parler comme d'un enfant légitime capable de succeder au Sieur de Saffi.

Mais dés que le mariage a esté certain, il ne paroist plus douteux que le Sieur de Saffi ne doive avoir des enfans ; & elle ne luy a pas écrit une Lettre où elle ne luy en parle comme de son fils.

Cinquiéme Objection. L'interrogatoire dans lequel la Dame de Saffi a avoüé la supofition d'enfant, ne doit point être confideré, parce que cet aveu n'est que l'effet du trouble où elle étoit lorsqu'elle a esté interrogée, & qu'elle a rectifié dans un second interrogatoire ce qu'elle y avoit dit mal-à-propos. On ajoûte que suivant l'Ordonnance, un premier interrogatoire ne fait point de preuve, si on ne persiste dans un second. L'Ordonnance ayant voulu qu'aprés qu'un criminel a esté tiré de la question, il fût interrogé sur les déclarations par luy faites.

Réponfes. 1º. La lecture de l'interrogatoire de la Dame de Saffi, prouve qu'elle avoit l'efprit trés-libre & trés-préfent.

2º. Il eft ridicule d'imputer à aucun trouble ce qu'elle dit fur le fait de la fuppofition d'enfant ; il ne faut que lire la maniere dont elle en a parlé en differens endroits, pour y reconnoiftre que la feule force de la verité lui a fait dire ce qu'elle a dit.

Lorfqu'elle en parle la premiere fois, c'eft d'elle-même & fans qu'on lui ait encore parlé de fupofition. On luy avoit feulement demandé quel étoit l'enfant qu'elle avoit chez-elle lorfqu'elle a efté arrêtée ? Après avoir feint que c'étoit un enfant qu'elle avoit pris par charité, elle ajoûte : *Que toutes les fois que le fieur de Saffi la voyoit, il luy difoit que s'il pouvoit avoir d'elle un enfant & que ce fût un garçon, il l'épouferoit. Qu'ayant fait reflexion fur ce que le fieur de Saffi luy avoit dit, elle luy avoit fait entendre qu'elle eftoit accouchée de cet enfant, & qu'il étoit de luy.*

La fimple agitation d'efprit a-t-elle pû faire imaginer à la Dame de Saffi une pareille hiftoire ?

Elle n'en demeure pas encore là. Luy ayant efté demandé pourquoi elle n'avoit pas dit au fieur de Saffi, que cet enfant n'étoit pas de fes œuvres ? Elle répond, *que fi elle avoit fait un pareil aveu, le fieur de Saffi l'auroit quitté un quart d'heure après.*

Elle parle encore du même fait dans deux autres endroits. Dans l'un elle dit, que fi on veut luy permettre d'aller trouver le fieur de Saffi, & luy garder le fecret au fujet de l'enfant en queftion, elle le ramenera.

Et dans l'autre, en parlant de la vifite du Pere Jerotée, elle dit qu'elle apprehendoit que cette vifite ne fuft pour découvrir l'hiftoire du Mignon.

C'eft vouloir infulter au public & aux Juges, de vouloir perfuader que de pareilles déclarations ne font que l'effet du trouble dont la Dame de Saffi étoit agitée lors de fon interrogatoire. La Dame de Saffi qui prodigue fi liberalement les termes de folies, d'extravagances & autres de cette nature, trouvera bon qu'on lui dife que ces épitetes conviennent mieux à de pareils difcours qu'à ceux aufquels elle les applique.

2º. Il n'eft point vray que fuivant l'Ordonnance, les déclarations faites par un interrogatoire ne faffent point de preuves, fi elles ne font réiterées dans un fecond. Il eft certain au contraire, que fuivant les termes & l'efprit de l'Ordonnance, c'eft le premier interrogatoire qui forme la preuve la plus fûre, comme étant plus du fait de l'accufé que les autres interrogatoires. Car lorfqu'elle veut dans l'article premier, titre des Interrogatoires, que les accufez foient interrogez dans les vingt-quatre heures, c'eft pour empêcher qu'ils ne puiffent méditer ou confulter leurs réponfes, & qu'on en tire plus furement la verité qui leur eft préfente, & qu'ils n'ont pas encore eu le temps de déguifer. C'eft pourquoi dans le Procés verbal de l'Ordonnance on voit que les reformateurs ont regardé l'interrogatoire qui fe fait au moment de la capture ou peu de temps après, comme bien plus affuré que ceux qui fe font depuis, & lorfque le prifonnier a eu le loifir de fe reconnoiftre. C'eft encore l'efprit des anciennes Ordonnances ; celle du Roy Charles V I I I. de l'année 1493. art. 99. en ordonnant que les interrogatoires fe feront promptement, on rend cette raifon : *Que quand ceux qui doivent être interrogez ont délai de penfer aux interrogatoires qu'on leur fait, fouvent ils fe confultent, & forgent leurs matieres & réponfes en telle maniere, qu'à grande peine & difficulté on en peut fcavoir la verité.*

Que fi un témoin peut changer au recolement, cela ne fe peut appliquer à l'accufé, parce qu'un accufé dépofe de fon fait qui ne peut luy être inconnu ; au lieu qu'un témoin ne dépofe que du fait d'autruy, dont il peut n'avoir qu'une connoiffance imparfaite.

La

La disposition de l'Ordonnance touchant les interrogatoires que subit un homme appliqué à la Question, est une disposition particuliere à ces interrogatoires, & qui ne se peut appliquer aux autres, y ayant une difference essentielle entre les uns & les autres. Il est évident qu'on peut imputer à la violence des tourmens & à l'envie de s'en délivrer, les déclarations que fait celuy qui souffre la Question : C'est la raison pour laquelle on a voulu que l'interrogatoire soit reïteré, lorsque l'accusé est hors des souffrances.

Il n'en est pas même d'un premier interrogatoire que subit un accusé ; il répond de son fait personnel, il n'est forcé par qui que ce soit de faire aucun aveu ; il a une entiere liberté de répondre ce que bon luy semble. Si quelque soin l'occupe dans ce moment, c'est de parler à sa décharge. Il n'y a donc rien qui puisse rendre suspects les aveux & les déclarations qui peuvent le charger. On ne peut les imputer qu'à la force de la verité qui se produit d'elle-même, & qui le fait parler naturellement & sans penser aux consequences.

Ajoûtons que ce que la Dame de Sassi a dit dans son interrogatoire, étant soûtenu de ce qui est écrit dans ses Lettres & dans les informations, il est absurde de l'imputer à une imagination échauffée.

Sixiéme Objection. Il paroist par les informations, que la Dame de Sassi avoit parlé à quelques-uns de ses Domestiques de l'estat de l'enfant dont il s'agit ; que le sieur de Sassi en estoit instruit luy-même, & qu'il estoit présent lorsque la Dame de Sassi s'en chargea.

Réponses. 1º. Il est vray que deux Domestiques paroissent avoir esté instruits de l'estat de cet enfant : Mais il ne s'ensuit pas de-là qu'il n'ait pas esté supposé ; la supposition ne consistant pas en ce que personne n'est instruit de la verité, mais en ce qu'elle est inconnuë aux parties interessées & au public ; & ainsi de ce que la Dame de Sassi a pû faire confidence à un Domestique de l'estat de l'enfant dont il s'agit, il ne s'ensuit pas que cet enfant n'ait pas esté presenté au sieur de Sassi, comme estant à luy, & que tout le public ne l'ait pas crû son fils.

2º. Il est faux, sauf correction, que suivant les informations, l'enfant dont il s'agit, ait esté présenté au sieur de Sassi comme un enfant que la Dame de Sassi vouloit élever par charité, qu'il ait eu connoissance de son estat ny qu'il ait sçu la maniere dont il avoit esté élevé.

Les informations prouvent précisément le contraire, aussi-bien que l'interrogatoire de la Dame de Sassi, comme on l'a expliqué cy-dessus.

Mais, dit-on, le sieur de Sassi ayant vû dans la suite les Factums de cette affaire, sans qu'il se soit plaint d'aucune supposition qui luy ait esté faite ; c'est une preuve qu'il n'y en avoit point eu, & qu'il sçavoit bien que l'enfant n'étoit point à luy.

Il n'y a point de preuve que le sieur de Sassi ait vû aucuns Factums de cette affaire, il est même évident que cela n'est pas, puisqu'il n'en parle point dans les Lettres qu'il a écrites, & qui sont dans la production de la Dame de Sassi.

D'ailleurs, l'acte qu'il a fait dans l'Isle de Jersay, prouve que s'il ne s'est point plaint de la supposition de l'enfant dont il s'agit, c'est qu'il ne doutoit point que cet enfant ne fût à luy, & qu'il n'en fût le pere, ayant fait cet acte précisément pour en rendre témoignage.

Derniere Objection. Si la Dame de Sassi avoit esté aussi peu scrupuleuse que Monsieur de Villiers la représente, il luy auroit esté facile de supposer un enfant pendant le cours du premier voyage que le sieur de Sassi fit aprés son mariage à la suite du Roy d'Espagne. Ce voyage ayant duré, dit-on, prés d'une année.

Réponses. On ne peut assez admirer l'imprudence de la Dame de Sassi sur un pareil fait : Car il ne tint pas à elle qu'elle ne suppsaст un enfant pendant ce voyage du sieur de Sassi. C'est en effet, pendant ce temps, qu'elle avoit feint la grossesse dont on a parlé cy-dessus, & que le retour imprévû du sieur de Sassi avoit dissipée, & c'est de mauvaise foy qu'on suppose que l'absence du sieur de Sassi avoit esté lors de plus d'une année ; il est certain au contraire qu'elle ne dura que cinq ou six mois.

La Dame de Sassi ayant fait de vains efforts pour persuader qu'elle n'est point coupable des crimes dont elle est accusée, se retranche enfin dans des fins de non-recevoir ; elle prétend que Monsieur de Villiers n'a pas esté partie capable, pour se plaindre du complot contre le sieur de Sassi, ni de la supposition d'enfant, le sieur de Sassi estant vivant.

Sur l'accusation du complot elle dit, que le droit d'accuser n'appartient pas à tout le monde, qu'on n'y admet que ceux qui y ont interest ; & qu'ainsi ne s'agissant point d'un assassinat, mais d'un complot qui n'offensoit que le sieur de Sassi, luy seul estant vivant, avoit droit de se plaindre.

La réponse est, qu'au temps que la plainte a esté rendue on ignoroit absolument le sort sieur de Sassi. Car bien qu'on en eût reçû de luy quelques Lettres écrites immediatement aprés son départ, ces Lettres ne faisoient point connoître ce qu'il estoit devenu. A en juger par celles que le Pere Anaclet, Capucin de Vire, les apparences estoient qu'il estoit peri.

Or, osera-on soûtenir que quand il y a un complot fait contre un homme, & que cet homme disparoist de maniere qu'on ne sçait ce qu'il est devenu, les proches ne sont pas recevables à se plaindre, en disant que ne paroissant point il n'y a point de corps de délit qui soit certain. La seule proposition choque le bon sens & l'interest public.

La plainte de Monsieur de Villiers ayant donc esté juste dans son principe, il est en droit de la soûtenir, quoique le sieur de Sassi se soit retrouvé.

Son droit reçoit d'autant moins de difficulté, que l'estat auquel se trouve presentement le Sr de Sassi, ne luy permet pas de se plaindre luy-même, ny de poursuivre la vangeance du crime commis contre luy.

Sur le fait de la supposition d'enfant, la Dame de Sassi dit, que suivant la disposition du Droit Civil, qui admettoit les actions populaires, l'accusation de supposition de part estoit exceptée de cette regle ; que les collateraux n'y estoient point admis le mary vivant, parce qu'il n'est permis à qui que ce soit de porter sa curiosité sur les affaires des autres, & encore moins sur la conduite d'une femme dont le mary ne se plaint point ; étant de l'interest public que l'on ne trouble point la paix des mariages, que telle est la Jurisprudence des Arrests. On en produit deux, l'un du 18. Juin 1638. & l'autre du 18. Aoust 1657. rendu au profit des Sr & Dame de S. Gerant.

Les réponses sont faciles.

Premierement, suposé que la Dame de Sassi eust quelques fins de non-recevoir à opofer, elles seroient couvertes & même jugées.

1°. Monsieur de Villiers ayant rendu plainte de la suposition d'enfant, la Dame de Sassi a suby l'interrogatoire & la confrontation sans opposition à la permission d'informer : Elle n'en est pas même encore appellante ; c'est avoir reconnu, même aprés avoir pris conseil, qu'il étoit partie capable pour se plaindre du fait.

2°. Il a esté permis à Monsieur de Villiers par Sentence contradictoire, de faire compulser la Baptistaire de l'enfant ; & sur sa Request il a esté ordonné que l'enfant seroit representé pour être reconnu par Mercier & par la Dame de Sassi ; c'est avoir reconnu que Monsieur de Villiers avoit qualité pour discuter son estat.

C'est inutilement qu'on répond, qu'un accusé est toûjours recevable à proposer les deffenses qu'il a obmises.

Cette proposition n'est pas universellement vraye, lorsqu'un accusé obmet de proposer ses reproches contre quelqu'un, avant la confrontation ; l'Ordonnance déclare qu'il n'y est plus reçu.

Il faut d'ailleurs faire difference entre les moyens du fond, qui vont à faire voir l'innocence de l'accusé & de simples fins de non-recevoir, qui vont à arrester la recherche du crime.

Il ne paroît pas juste à la verité, qu'une obmission de défenses dans le temps, oste à un accusé le moyen de prouver son innocence.

Mais de prétendre que quand une accusation a esté instruite, & que le crime est prouvé, le coupable en puisse éviter la punition, en disant que l'accusateur n'avoit point eu de qualité pour l'accuser, cela est contre les regles ; parce que l'accusateur ayant esté soutenu du Ministere public, toujours partie capable pour demander la vangeance des crimes, cela soutient l'accusation & l'instruction qui en a été faite à la requête de l'un & de l'autre.

Au fond, Monsieur de Villiers soutient qu'il a esté partie capable pour se plaindre de la suposition d'enfant qui a esté faite par la Dame de Saffi.

On ne peut nier que toute personne dont l'honneur & les biens sont blessez par un crime qui a esté commis, n'ait droit de se plaindre de ce crime. C'est un principe dont on convient dans les Griefs de la Dame de Saffi.

Le crime de suposition d'enfant n'est point excepté de cette regle ; car bien que suivant la disposition du Droit Civil, l'accusation n'en soit pas permise *cuilibet è populo*, tous ceux qui y ont un interest legitime y sont admis : Il y en a une décision formelle dans la Loy, 30. *ff. ad leg. Cernol. de falsis. de partu supposito soli accusant parantes aut hi ad quos eares pertinet, non quilibet è populo ut publicam accusationem intendat.*

Bien que regulierement ce terme, *Parentes*, ne s'entende que des ascendans en ligne directe, il s'applique quelquefois aux plus proches collateraux, *amita & matertera loco parentum habentur Instit. de Nuptiis*. Or, s'il y a quelque cas auquel on puisse leur en faire quelque application, ce doit estre dans le cas de suposition d'enfant ; car la Loy ne paroissant faite que pour ne pas exclure, *quemlibet ex populo*, du droit de s'en plaindre, on ne peut gueres appliquer cette exclusion aux freres & aux sœurs ; & la raison en est bien naturelle, les Etrangers ne sont pas admis à se plaindre d'une suposition d'enfant, parce que ce crime n'interesse qu'une famille à l'honneur & aux biens de laquelle ils n'ont point de part, au lieu que ceux qui sont de cette famille s'interessent & ont droit de s'interesser à tout ce qui y arrive, ils se tiennent honorez des honneurs & des dignitez ausquelles sont élevez ceux qui en font partie, comme ils ressentent les injures qu'ils souffrent, ou la honte qu'ils s'attirent.

Mais pour se renfermer plus scrupuleusement dans les termes de la Loy, il faut observer qu'elle ne restraint pas le droit de se plaindre d'une suposition d'enfant à ceux qu'elle appelle *Parentes* ; elle adjouste, *aut hi ad quos ea res pertinet*, ceux qui y ont interest. Or, on ne peut pas nier que Madame de Villiers, pour qui Monsieur de Villiers agit, n'eust un interest tres-réel & tres-sensible dans la suposition d'enfant faite par la Dame de Saffi.

1°. En faisant entrer dans sa famille le fils d'un Paysan on la deshonore.

2°. En suposant un fils au sieur de Saffi, on supose un neveu à Madame de Villiers, & par consequent un heritier presomptif, en cas qu'elle n'ait point d'enfans.

3°. Une telle suposition alloit à priver, elle & ses enfans, de la succession du sieur de Saffi, le cas arrivant, ou à leur donner un copartageant dans celles des autres parens.

Il ne faut point representer cette veuë comme une veuë odieuse & trop interessée, il n'y a rien que de tres-honneste & de tres-licite, de s'opposer aux moyens injustes qu'on veut employer pour exclure d'une esperance legitime.

La Dame de Saffi objecte que les Loix demandent, que pour avoir droit de se plaindre d'une supposition d'enfant, on ait un interest present ; sçavoir qu'il s'agisse du partage d'une succession écheuë, ou d'un droit auquel on soit appellé.

La réponse est qu'il n'y a rien de cela dans les Loix ; elles demandent seulement qu'on soit interessé dans la supposition ; Monsieur Cujas & tous les Docteurs ne s'expliquent point autrement , *competit iis quorum interest.*

D'ailleurs, un aussi proche parent qu'un frere, une sœur a toûjours un interest present d'empescher une supposition , en ce que non-seulement on la prive des esperances qui luy viennent de la Loy, mais en ce qu'on luy suppose dés à-present un neveu ou heritier presomptif.

Et cet interest est tellement & tellement pressant , qu'en voulant remettre l'accusation au temps qu'il se presentera quelque succession à partager, ce seroit la rendre inutile , soit parce que les preuves perissent, soit parce que l'enfant ayant une fois acquis la possession de son estat, on ne seroit plus en pouvoir de le luy contester. En effet, nous avons un Arrest du 28. Mars 1665. rendu sur les Conclusions de Monsieur Bignon, qui declara des parens non-recevables à se plaindre de la supposition d'un enfant , par cette seule raison que cet enfant estoit en possession de son estat depuis vingt-sept ans, & que tout crime se prescrit par le laps de vingt ans.

C'est sur ces raisons , qu'encore que suivant les Loix , les questions d'estat des enfans se doivent differer aprés leur puberté, on en a excepté le cas de supposition d'enfant ; La Loy veut que l'accusation puisse en estre poursuivie & jugée avant ce temps. *L. 1. Cod. ad leg. Cornel. de Falsis.*

Ces principes qui sont certains dans le Droit Civil, doivent estre suivis encore plus scrupuleusement parmy nous , parce que le Droit Civil admettoit l'adoption qui donnoit aux enfans adoptez le nom & le droit d'enfans legitimes , au lieu que l'adoption n'étant pas receuë par nos mœurs, la supposition d'enfant y est plus importante, & doit par consequent y estre plus severement reprimée.

Tant s'en faut que cela ait rien de contraire à l'interest public, qu'au contraire , l'interest public est bien plus blessé de laisser impuny un crime qui trouble l'ordre des Familles, & qui soüille la gloire des Maisons les plus illustres. *Publicè interest partus non subjici ut ordinum dignitas Familiarumque salva sit. l. 1. §. 1. ff. de ventre inspic.*

Cela ne va point, comme on le suppose, à troubler la paix des mariages unis & tranquilles ; ces sortes d'accusations ne tombent jamais sur des personnes d'une conduite reglée, & les autres ne meritent pas cette paix qu'ils troublent eux mesmes par un crime qui jette toûjours le trouble & le desordre dans les Familles.

D'ailleurs, quelque favorable que soit l'union & la paix d'entre un mary & une femme , elle ne l'est pas assez pour devoir estre conservée , quand il faut pour cela souffrir des crimes qui blessent les Loix & le bien de l'Estat. En effet, quand une femme vit dans un desordre scandaleux, ses proches ou la partie publique ont droit de s'en plaindre nonobstant le silence du mary & mesme malgré luy. Il y en a une Décision précise dans la Loy. *Quamvis Cod. ad Leg. Cornel. de Adult.* Et la Jurisprudence des Arrests y est conforme. L'Auteur du Journal des Audiences en rapporte un rendu le 18. Juillet 1665. sur les Conclusions de Monsieur l'Avocat General Bignon.

Les deux Arrests citez par la Dame de Saffi ne sont point contraires à ces principes.

L'Arrest du 16. Juin 1638. n'est intervenu que sur le fait particulier,

comme

comme on le voit dans l'expedition qui en est produite par la Dame de Saffi.

Il paroist par les Conclusions de Monsieur l'Avocat General Talon, qu'il ne s'est point déterminé par la fin de non-recevoir, résultante du défaut de qualité, il l'a mesme rejettée: Voicy quels sont ses termes rapportez dans l'Arrest, *Que pour la Décision de la Cause il valoit mieux avoir recours aux circonstances particulieres du fait, & examiner s'il y avoit preuve ou apparence de supposition*; & il paroist que l'accusation n'a esté rejettée que parce que le fait de supposition n'étoit point prouvé, ny mesme vray-semblable, suivant les circonstances particulieres du fait.

Ces circonstances estoient que l'accusation tomboit sur le mary & sur la femme tous deux en âge d'avoir des enfans; la supposition ne se présume point dans ce cas, parce qu'en supposant un enfant on fait tort aux enfans que l'on pourroit avoir.

La femme avoit paru grosse publiquement; elle estoit accouchée, & l'enfant avoit esté baptisé.

Le mary estoit present, qui soûtenoit que sa femme estoit veritablement accouchée.

Enfin, il n'y avoit rien dans la conduite de la femme qui pût la faire soupçonner d'un pareil crime.

Les circonstances du fait dont il s'agit sont bien differentes.

L'accusation tombe sur la Dame de Saffi seule.

Ce n'est point le sieur de Saffi qui oppose la fin de non-recevoir, & qui soûtienne qu'il n'y a point eu de supposition; il est évident au contraire, que s'il estoit en estat d'agir, & qu'il fût instruit, il s'en plaindroit luy-mesme, en ce qu'il paroist par les preuves qui en sont expliquées cy-dessus, qu'il a toûjours crû que l'enfant dont il s'agit estoit son fils.

La conduite de la Dame de Saffi n'a point esté telle qu'on ne la puisse soupçonner d'un fait de cette nature; car sans remonter à ce qui s'est passé auparavant qu'elle connust le sieur de Saffi, elle ne peut se flater d'avoir vêcu fort regulierement depuis ce temps, puis qu'elle a vêcu avec luy dans un mauvais commerce pendant plusieurs années, & que depuis le mariage elle a encore tenté de luy supposer un enfant.

Enfin, l'on peut ajoûter que la Dame de Saffi a regardé la supposition d'enfant, dont il s'agit, comme un moyen necessaire pour parvenir au mariage dans lequel elle vouloit engager le sieur de Saffi.

À l'égard de l'Arrest de S. Geran, tant s'en faut qu'on le puisse opposer à Monsieur de Villiers qu'il en tire luy-mesme avantage.

Le Sieur & la Dame de S. Geran s'étoient plaints qu'on avoit soustrait un enfant dont la Dame de S. Geran estoit accouchée. Ils en avoient fait informer, & on instruisoit le procés extraordinairement contre ceux qui estoient accusez de cette soustraction.

En cet estat les Sœurs du sieur de S. Geran interviennent dans le procés, pour soûtenir avec les accusez que la Dame de S. Geran n'étoit point accouchée.

Quoy que les Sieur & Dame de S. Geran soûtinssent également l'état de l'enfant qu'ils revendiquoient comme leur fils, on ne declare point les sœurs du sieur de S. Geran non-recevables; on joint leur Requeste au procés, par-là elles y sont demeurées parties; cela n'eust pas esté si on eust jugé qu'elles eussent esté sans qualité & sans interest.

La raison pourquoy on a joint leur Requeste; c'est, qu'eu égard à la nature du procés & à l'estat de la procedure, cela ne se pouvoit autrement. Il s'agissoit d'une accusation suivie d'informations, & de decrets de prise de corps, & l'intervention alloit à admettre les faits justificatifs des accu-

N

fez, qui eſtoient que la Dame de S. Geran n'avoit point eu d'enfant. On ne pouvoit donc recevoir ces faits qu'en voyant & qu'en jugeant le procés; & ainſi en joignant la Requeſte, c'eſt avoir reconnu les ſœurs du ſieur de S. Geran pour parties legitimes.

En ſecond lieu, trois circonſtances particulieres rendent le droit de Monſieur de Villiers ſans difficulté.

La premiere eſt, que lors qu'il a rendu ſa plainte le ſieur de Saſſi eſtoit diſparu; de maniere qu'on doutoit de ſon exiſtance. Pendant ce temps Monſieur de Villiers, comme plus proche parent, a eſté en droit de veiller à la conſervation des droits du ſieur de Saſſi, & d'empeſcher qu'un Etranger ne s'établiſt dans ſa maiſon, & qu'il ne s'y acquiſt par la poſſeſſion la qualité de ſon fils.

La ſeconde circonſtance eſt, qu'encore que le ſieur de Saſſi ſe ſoit retrouvé, ſa preſence ne change rien dans le droit de Monſieur de Villiers: parce que l'eſtat auquel ſe trouve le ſieur de Saſſi ne luy permettant pas d'agir pour la conſervation des droits de ſa famille, ce ſoin regarde Monſieur de Villiers.

La troiſiéme eſt, qu'il ne s'agit pas de ſçavoir ſi Monſieur de Villiers doit eſtre admis à la preuve d'une ſuppoſition d'enfant. La ſuppoſition eſt certaine. Il ne s'agit que de ſçavoir ſi ce crime ſera impuny. Cela peut-il faire quelque douce?

TROISIE'ME PARTIE.

Concernant les Dommages & Intereſts.

Monſieur de Villiers ayant prouvé que les deux Chefs de ſa Plainte eſtoient juſtes, il s'enſuit qu'on n'a pas deû en décharger la Dame de Saſſi, & qu'on a encore moins deû le condamner en des dommages & intereſts. Il eſt évident au contraire que c'eſt à luy qu'il en eſt deû.

Il a meſme droit de le ſoûtenir ainſi, quand on pourroit ſuppoſer les crimes de la Dame de Saſſi moins graves, & que l'exiſtance & le retour du ſieur de Saſſi pourroient produire un hors de Cour ſur l'accuſation du complot.

Il faut pour cela examiner quels ſont les regles en fait de dommages & intereſts dans le cas d'une accuſation qui n'a pas un entier ſuccés.

C'eſt un principe inconteſtable que la décharge d'un accuſé n'emporte pas neceſſairement une condamnation de dommages & intereſts contre l'accuſateur.

Les dommages & intereſts eſtant la peine de la calomnie lors que l'accuſation a eu un juſte motif, un fondement raiſonnable, la Loy ne veut pas qu'on traite l'accuſateur comme calomniateur, quoy que l'accuſé ſoit renvoyé, *non enim ſi reus abſolutus eſt, ex eo ſolo accuſator qui poteſt juſtam habuiſſe veniendi ad crimen rationem calumniator credendus eſt. L. 3. Cod. de Calumniat.* où, comme dit la Loy premiere, *§. 3. ff. ad Senatuſconſult. Turpill. non utique qui non probat quod intendit calumniari videtur: nam ejus rei inquiſitio arbitrio cognoſcentis committitur qui res abſoluto incipit conſilio quærere, quâ mente ductus ad accuſationem proceſſit, & ſi quidem juſtum ejus errorem repererit abſolvit eum.*

Les Ordonnances ſont conformes à ces Diſpoſitions.

Il y a l'Ordonnance de Philippes IV. de 1303. *Denunciator vel inſtructor reſarciat denunciato damna & expenſas, niſi de dicto delicto denunciatus fuerit diffamatus vel ad minus per unum idoneum teſtem convictus vel alias probabilis ſuſpicio contra eum ad cognitionem cauſe ad judicium.*

Celle de 1539. article 8. & celle de 1670. Titre 7. art. 3. n'aſſujettiſſent encore les accuſateurs aux dommages & intereſts que lors que *leurs plaintes ſont jugées calomnieuſes.* Ce ſont les termes de l'Ordonnance de 1670.

Telle eſt encore la Juriſprudence des Arreſts.

Il y a l'Arreſt celebre du 17. Janvier 1700. qui a eſté rendu ſur les Concluſions de Monſieur l'Avocat General Servin, en preſence du Roy Henry le Grand & du Duc de Savoye. Cet Arreſt en renvoyant le nommé Belanger abſous d'un aſſaſſinat dont il eſtoit accuſé, & dont on découvrit le coupable, ne luy adjugea ny dommages & intereſts, ny dépens; par la raiſon qu'en rend Monſieur Servin qui le rapporte, que l'accuſatrice n'eſtoit pas & ne pouvoit eſtre jugée calomniatrice, à cauſe des indices violens qui chargeoient l'accuſé.

Nous en avons un aſſez recent, qui, en juſtifiant la memoire du ſieur d'Anglade, accuſé d'un vol conſiderable, n'a condamné le ſieur de Montgommery en aucuns dommages & intereſts.

Il faut neanmoins obſerver, comme un fait déciſif pour Monſieur de Villiers, que dans le cas de ces Arreſts l'innocence des accuſez ſe trouvoit certaine, & que la ſeule raiſon qui a produit la décharge des dommages & intereſts eſt la bonne foy des accuſateurs, & les juſtes motifs qu'ils avoient eu d'intenter leurs accuſations.

De là on doit conclure que quand on ne peut pas dire que l'innocence de l'accuſé ſoit certaine, que tout ce qu'on peut dire de plus favorable pour luy eſt, ou qu'il manque quelque choſe à la certitude des preuves, ou qu'il n'eſt peut-eſtre pas auſſi criminel qu'on l'a crû; & enfin, que ſa mauvaiſe conduite & ſon fait perſonnel ont comme neceſſité l'accuſateur de ſe plaindre; non-ſeulement l'accuſé ne doit point avoir des dommages & intereſts, mais qu'il doit y eſtre condamné comme ayant donné lieu par ſa faute à l'accuſation.

Or, tout ce qu'on peut dire de mieux pour la Dame de Saſſi, eſt de la mettre dans ce cas-là; par rapport aux deux crimes dont elle eſt accuſée.

A l'égard du complot, il eſt certain dans le fait que le ſieur de Saſſi eſtoit diſparu ſans qu'on ſçuſt ce qu'il eſtoit devenu, & la Dame de Saſſi convient elle-meſme, que cette retraite eſtoit l'effet d'un complot fait pour ſe deffaire de luy, en luy inſpirant des frayeurs d'eſtre arreſté par des Ordres du Roy. Ce fait eſt encore accompagné de circonſtances qui autoriſoient les ſoupçons qu'on pouvoit avoir; ſçavoir, que le ſieur de Saſſi eſtoit party ſeul avec un Grec, homme d'intrigue, & connu pour homme tres-dangereux; que ce Grec eſtoit depuis revenu ſans luy, & qu'il s'étoit retiré auſſi-toſt, ſans qu'on l'ait depuis veû; que les habits, le linge, & les razoirs du ſieur de Saſſi avoient eſté vûs dans ſa maiſon; & enfin, que ſes Domeſtiques le croyoient mort.

Tous ces faits ne donnoient-ils pas un juſte ſujet à Monſieur de Villiers de rendre ſa plainte? Diſons plus: Pouvoit-il, tout intereſt à part, garder le ſilence dans cette occaſion? Ses parens, ſes amis, tout le Public, ne le luy auroient-ils pas reproché? Euſt-on admis comme une excuſe legitime, que n'y ayant point de preuve que le ſieur de Saſſi fût mort, il n'y avoit point de corps de delit qui fût certain? N'euſt-on pas eu raiſon de luy répondre que le complot & l'execution de ce complot prouvée par l'abſence du ſieur de Saſſi, & par l'ignorance où l'on eſtoit de ſon ſort eſtoit delit veritable, un delit aſſez grave pour donner lieu à une plainte; que comme on pouvoit croire que le complot n'avoit pas encore eu toutes les mauvaiſes ſuites qu'on en devoit craindre, une plainte en pouvoit arreſter l'effet.

Que si la Dame de Saffi a esté accusée comme coupable du complot, c'est qu'outre les preuves qui sont dans les informations, il y a plusieurs autres preuves contre elle qui se tirent de sa conduite & de son fait personnel.

1°. D'avoir fait ou laissé partir le sieur de Saffi nonobstant l'avis qu'il avoit reçû du Pere Jerotée, sans approfondir ce qui en estoit.

2°. D'avoir eu plusieurs conferences secretes avec le Grec, qui en devoit estre le principal ministre.

3°. D'avoir tenu le sieur de Saffi caché dans sa maison, & sans le laisser voir à qui que ce soit à son retour de Rouen.

4°. De n'avoir esté trouver le Pere Jerotée qu'aprés la retraite du sieur de Saffi, & dans un temps que sa visite ne pouvoit estre utile pour rompre l'effet du complot.

5°. Ses conversations avec ce Pere sur ce que pouvoit estre devenu le sieur de Saffi, & l'aveu qu'elle fit qu'elle ne croyoit plus le revoir, comme estant parti avec un scelerat, un Grec qui le tueroit pour son argent.

6°. Son commerce avec le Grec, & ses entretiens secrets avec luy lorsqu'il parut à Paris.

7°. Sa consultation sur ce qu'elle auroit à dire en cas qu'on luy demandât ce que le sieur de Saffi estoit devenu.

8°. L'imposture à laquelle elle a eu recours pour rejetter sur le Pere Jerotée & sur Monsieur & Madame de Villiers la cause de la retraite du sieur de Saffi ; l'innocence n'employe point le mensonge pour se deffendre.

A l'égard de la supposition d'enfant, il est certain dans le fait qu'il y avoit dans la maison du sieur de Saffi un enfant qui y estoit élevé comme son fils, & que le sieur de Saffi le croyoit tel, quoy qu'il ne le fût pas.

Monsieur de Villiers pouvoit-il encore dissimuler un fait de cette importance qui alloit à donner un neveu à Madame de Villiers, & a introduire dans sa famille le fils d'un Paysan ? Car si cet enfant estoit toûjours demeuré dans la même situation, & qu'il eût continué d'estre élevé & traité comme le fils du sieur de Saffi, une longue & paisible possession luy auroit certainement formé un droit que rien n'eût pû détruire, d'autant plus que les preuves de la supposition auroient certainement péri.

Or Monsieur de Villiers ne pouvoit se plaindre de la supposition de cet enfant sans en accuser la Dame de Saffi, y ayant des preuves tres-claires par les informations, par son Interrogatoire & par ses Lettres, que non seulement elle l'a faite, mais qu'elle n'a rien oublié depuis son mariage pour la soûtenir.

C'est donc inutilement que la Dame de Saffi s'épuise en longues & vaines réflexions, pour persuader que l'accusation de Monsieur de Villiers n'a eu d'autres motifs que de satisfaire sa haine contre elle. La conduite de Monsieur de Villiers prouve qu'il n'a écoûté que la verité & son devoir dans tout ce qu'il a fait ; & qu'en accusant la Dame de Saffi, il a conservé pour elle tous les égards que son accusation luy a pû permettre.

Il reste de répondre à un nouveau Moyen proposé dans les dernieres Ecritures de la Dame de Saffi ; qu'il ne peut plus estre question de sçavoir si elle est coupable ou non ; que la seule contestation qui peut estre formée ne peut tomber que sur le plus ou le moins des dommages & interests, parce que son innocence est établie par la Sentence dont elle prétend que l'appel n'est pas recevable en ce qu'elle prononce sa décharge des accusations intentées contre elle ; la raison est, que le Procés estant conclut & distribué aux Enquestes, il est civilisé, en sorte qu'on ne peut plus la declarer atteinte & convaincue.

Où a-t-on puisé une erreur si grossiere ?

Quoique

Quoique le Procés fur l'appel d'une Sentence d'abfolution foit conclut aux Enqueftes, il n'eft pas tellement civilifé que l'accufé ne puiffe eftre declaré atteint & convaincu du fait dont il y a eu plainte contre luy, & qu'il ne puiffe eftre condamné en certaines peines telles que font un ad-monefté, une amende, une aumône, certaines reparations, des domma-ges & interefts.

Ce font toutes peines que l'on peut prononcer aux Enqueftes.

Il y a plus fur un Procés quoique conclut aux Enqueftes, il peut eftre prononcé une peine afflictive, parce que fi le crime le mérite, & s'il eft fuffifamment prouvé, on le renvoye à la Tournelle ; cela arrive affez fouvent.

C'eft donc une abfurdité de prétendre que Monfieur de Villiers ne foit pas recevable à fe plaindre de l'abfolution de la Dame de Saffi, & à cou-clure, comme il a fait, à ce qu'elle foit declarée atteinte & convaincue des crimes dont il l'a accufée.

Monfieur de Villiers a une fin de non-recevoir plus jufte à oppofer con-tre l'appel qu'elle a interjetté de la Sentence au fujet des dommages & interefts ; cette fin de non - recevoir eft un acquiefcement pur & fimple qu'elle a fait à la Sentence.

En vain elle répond, qu'elle n'a fait cet acquiefcement que pour pou-voir fortir de prifon ; & qu'avant que de fortir, elle avoit fait fes pro-teftations.

De fimples proteftations n'anullent point un Acte qu'on fait volon-tairement ; c'eft une mauvaife défaite de dire qu'en le faifant elle n'a fongé qu'à acquerir fa liberté : un homme qui a acquiefcé à une Sentence qui le condamne par corps n'en feroit pas moins non-recevable dans fon appel, quoy qu'il pû dire qu'il n'a acquiefcé que pour n'eftre pas em-prifonné.

D'ailleurs, n'y ayant pas de Lettres de récifion obtenues contre l'ac-quiefcement, il doit neceffairement avoir fon execution.

Auffi la Dame de Saffi n'a-t-elle pas interjetté appel dans la penfée d'y pouvoir réuffir, mais pour oppofer à l'appel que Monfieur de Villiers avoit interjetté de fa part, & pour faire une efpece de compenfation de fes plaintes avec celles de Monfieur de Villiers.

C'eft un trop mauvais artifice pour qu'elle en puiffe attendre aucun fuccés.

Car ayant efté prouvé auffi clairement qu'on l'a fait, qu'elle eft effecti-vement coupable des crimes dont elle a efté accufée, elle n'en peut jamais efperer d'abfolution.

Monfieur LABBE' LE MOINE, *Rapporteur.*

Me DOULCET, Avocat.

De l'Imprimerie de JACQUES VINCENT, rue de la Huchette, à l'Ange.